KB073022

위대한 여성 과학자들

차례

Contents

남성의 과학을 넘어서

우리가 아는 여성 과학자는 얼마나 될까?

여성의 사회 활동은 지속적으로 증가해 왔다. 하지만 아직 그 수치는 크지 않다. 예를 들어 음악가나 요리사 중에는 남성보다 여성이 훨씬 많지만 오케스트라 지휘자나 특급 호텔 주방장은 거의 남성이다. 과학자의 경우에는 상황이 더욱 심각하다. 현실 세계에서 여성 과학자를 만나기는 쉽지 않다. 교과서나 대중매체에서 여성 과학자를 접하기는 더욱 어렵다. 2007년을 기준으로 우리나라 연구원 중에서 여성이 차지하는 비율은 14.9퍼센트로 집계되었다. 과학자 열 명 중 여성 과학자는 한두 명 정도에 불과한 것이다. 선진국은 우리나라보다 여성 과학자의 비중이 높지만 전체의 30퍼센트를 넘는 국가는 많지 않다.

우리가 알고 있는 여성 과학자는 과연 몇 명일까? 대다수 사람들이 떠올리는 여성 과학자는 아마도 마리 퀴리(Marie Curie)가 거의 유일할 것이다. 그녀는 1903년 노벨 물리학상과 1911년 노벨 화학상을 수상한 위대한 과학자였다. 마리 퀴리 이외에도 20세기에 노벨 과학상을 받은 여성은 9명이나 있다. 1963년 노벨 물리학상 수상자 마리아 메이어(Maria Mayer), 1935년 노벨 화학상 수상자 이렌 퀴리(Irène Curie)와 1964년 노벨 화학상 수상자 도로시 호지킨(Dorothy Hodgkin)이 있고, 노벨 생리의학상에서는 1947년 수상자 거티 코리(Gerty Cory), 1977년 수상자 로절린 앨로(Rosalyn Yalow), 1983년 수상자 바바라 매클린톡(Barbara MacClintock), 1986년 수상자 리타 레비 몬탈치니(Rita Levi-Montalcini), 1988년 수상자 거트루드 엘리언(Gertrude Elion), 1995년 수상자 크리스티안네 뉘슬라인 폴하르트(Christiane Nüsslein-Volhard)가 있다.

여기서 흥미로운 사실은 생물이나 의학에 비해 물리학이나 화학 분야에서 노벨상을 받은 여성이 적다는 점이다. 이와 관련하여 로시터(Margaret Rossiter)는 1956년에서 1958년까지의 미국 과학자 사회를 분석하면서 과학의 분야에 따라 여성의 비율과 문화에 차이가 존재한다는 점을 지적한 바 있다. 그녀에 따르면 당시 심리학과 교육학을 포함한 과학 전체에서 여성이 차지하는 비율은 6.25퍼센트였다. 과학은 주변적 분야, 한계적 분야, 참여적 분야로 구분될 수 있다. 주변적 분야는 여성의 비율이 5퍼센트 미만인 분야로서 물리학, 지질학, 공학, 농학 등이고, 한계적 분야는 여성의 비율이 5~15퍼센트로서 생물학, 수학, 지리학, 천문학 등을 포함했다. 여성의 비율이 15~40퍼센트인 참여적 분야는 심리학, 교육학, 영양학 등이었다. 주변적 분야에서는 남성이 여성을 배제하는 문화가 발달했으며, 한계적 분야에서는 남성과 여성을 분리하는 문화가 형성되었다. 참여적 분야에서는 여성의 리더십이 발휘되지만 여성에 의한 과학의 질적 저하를 염려하는 이중적인 자세가 나타났다.

노벨 과학상을 받지는 않았지만 우수한 업적을 낸 여성 과학자들도 제법 있다. 20세기 이전의 과학자로는 캐번디시 공작의 부인으로서 자연철학에 조예가 깊었던 마가렛 캐번디시(Margaret Cavendish), 독일의 곤충학자로서 『수리남 곤충의 변태』를 발간했던 마리아 메리안(Maria Merian), 천문 관측과 달력 제작에 뛰어난 능력을 발휘했던 마리아 빙켈만(Maria Winkelmann), 볼테르의 연인으로서 뉴턴의 『프린키피아』를 프랑스어로 번역했던 에밀리 뒤 샤틀레(Emilie du Chatelet), 여성으로서 세계 최초로 대학교수가 된 라우라 바씨(Laura Bassi), 영국 왕실의 천문관으로 활동했던 캐롤라인 허셜(Caroline Herschel), 라부아지에의 부인이자 유능한 조력가였던 마리 안느 폴즈(Marie-Anne Paulze), 프랑스 과학아카데미도 실력을 인정했던 수학자인 소피 제르맹(Sophie Germain), 아크등에 관한 연구로 영국 전기공학회의 회원이 되었던 허싸 에이튼(Hertha Ayrton) 등이 있다.

20세기에 주로 활동한 여성 과학자로는 미국에서 산업의학을 정착시켰던 앨리스 해밀턴(Alice Hamilton), 핵분열 발견에 크게 기여했던 리제 마이트너(Lise Meitner), 경영관리의 퍼스트 레이디로 불리는 릴리언 길브레스(Lillian Gilbreth), 현대 대수학 발전의 숨은 공로자 아말리에 뇌터(Amalie Noether), 1945년에 여성 최초로 영국 왕립학회의 회원이 되었던 캐더린 론즈데일(Kathleen Londsdale), 『침묵의 봄』으로 DDT의 폐해를 고발했던 레이첼 카슨(Rachel Carson), 중국 출신으로 핵물리학의 발전에 크게 기여했던 우젠슝(Chien-Shiung Wu), DNA의 다크 레이디로 불리는 로잘린드 프랭클린(Rosalind Franklin), 1979년에 여성 최초로 프랑스 과학아카데미의 회원이 되었던 이본느 쇼께 브루아(Yvonne Choquet-Bruhat), 침팬지 연구의 대가인 제인 구달(Jane Goodall), 펄서의 발견에 기여한 전파천문학자 조셀린 버넬(Jocelyn Burnell) 등이 있다. 우리나라의 여성 과학자로는 본명이 김점동(金點童)인 에스더 박(Esther Kim Pak)이 있는데, 그녀는 우리나라 최초의 여성 양의사이자 한국인으로는 두 번째로 양의사가 된 인물이다.

　이와 같은 여성 과학자들이 활동했던 시기, 국적, 전공에는 차이가 있지만 자세히 들여다보면 몇 가지 공통점도 발견할 수 있다. 우선 그녀들은 여성이 선택하기 쉽지 않았던 과학기술 분야에서 선구적인 발자취를 남겼다. 그래서 그녀들이 한 일에는 '여성으로서 처음'이라는 수식어가 따라붙는다. 또한 그녀들은 남성 과학자들과 경쟁해서 뒤지지 않을 정도의 학문적 깊이를 쌓기 위해서 상상을 초월한 노력을 기울였고, 그런 과정에서 수많은 어려움과 차별을 슬기롭게 이겨 냈다. 이와 함께 몇몇 여성 과학자들이 자신과 비슷한 위치에 있는 사회적 약자들을 돕는 일에 많은 노력을 기울였다는 점도 주목할 만하다.

페미니스트 과학기술학의 주요 주제

과학기술과 여성의 문제를 연구해 온 학문 분야는 페미니스트 과학기술학이라고 불린다. 여성학(gender studies)과 과학기술학(science and technology studies)의 접경지대인 셈이다. 페미니스트 과학기술학자들은 역사 속의 여성 과학자들을 발굴하는 것 이외에도 다양한 주제들을 발굴하여 연구해 왔다. 이는 과학기술 활동에서 여성의 지위 분석, 남성 중심적 과학관에 대한 도전, 기술의 개발과 사용에서 여성의 배제 등으로 구분할 수 있다.

대학과 과학기술 단체들은 오랜 기간 여성의 참여를 배제해 왔다. 서유럽의 대학 대부분은 19세기 말까지 여성의 입학을 허용하지 않았고, 이러한 경향은 19세기에 높은 수준을 자랑했던 영국과 독일에서 특히 심했다. 17세기 이후 생겨난 과학 단체들은 최근까지도 여성 과학자를 회원으로 넣어 주지 않았다. 미국의 국립과학아카데미는 1925년에, 영국의 왕립학회는 1945년에 처음으로 여성 회원을 받았고, 프랑스의 과학아카데미는 1979년에 최초의 여성 회원을 선출했다. 물론 지금은 여성의 과학기술계 진출을 가로막았던 과거의 장벽이 공식적으로는 거의 사라졌다. 이제 여성이라는 이유로 대학에 입학할 수 없거나 학회의 회원 가입을 거부당하는 사례는 거의 찾아볼 수 없다.

그러나 여성 과학기술자들은 여전히 남성 위주의 학계 메커니즘에서 알게 모르게 소외되고 불평등한 대우를 받고 있다. 이와 관련하여 과학기술자 사회에 대한 연구들은 과학기술 활동이 특정한 집단에 유리하게 전개되는 경향이 있다고 지적한다. 이를 설명하는 개념에는 마태 효과(Matthew effect), 후광 효과(halo effect), 마틸다 효과(Matilda effect) 등이 있다. 마태 효과는 경력 형성에 성공한 과학기술자일수록 인정과 자원 획득에서 유리하다는 점을, 후광 효과는 우수한 과학기술 기관에 속한 과학자가 이익을 얻는다는 점을, 마틸다 효과는 여성이 적절한 인정을 받지 못하면서 결과적으로 역사의 뒤편으로 사라지는 경향을 지칭한다.

과학기술 활동에서 여성의 지위는 '주변성'이란 단어로 집약된다. 여성은 과학기술에 대한 진입 장벽을 가지고 있으며, 과학기술계에 진입했다 할지라도 결혼과 출산으로 과학기술 활동을 계속하기 어려워진다. 이와 관련하여 남성 노동자의 규모가 연령을 고려할 때 정상적인 분포를 보이는 반면 여성은 M자 형이나 L자 형을 그린다는 지적도 있다. 또한, 여성 과학기술자는 상층부로 갈수록 숫자가 감소하는 일종의 누수(pipeline leakage) 현상을 나타내며, 상층부에 진입한 이후에도 보이지 않는 장벽, 즉 유리 천장(glass ceiling)의 존재를 느낀다.

남성 중심적 과학관에 대한 도전에서는 '자연의 젠더화'가 중요한 논점이 되었다. 16~17세기의 과학혁명 이후에 객관성, 이성, 과학은 남성적 특성으로, 주관성, 감정, 자연은 여성적 특성으로 규정하는 일종의 신화 만들기가 이루어졌다. 예를 들어 베이컨(Francis Bacon)은 과학을 '정신과 자연의 순결하고 합법적인 결혼'으로 규정했다. 즉 진리를 추구하는 정신인 남성이 여성인 자연을 길들여서 지배하는 것으로 보았다.

이러한 과학관을 바탕으로 애매모호한 성차를 과학이라는 이름으로 격리시키고 차별하려는 시도가 지속적으로 있어 왔다. 예를 들어 두개골학(craniology)은 여성의 두뇌가 작고 가볍기 때문에 여성이 지적으로 열등하다고 주장했으며, 생리학은 여성의 지적 활동이 에너지를 고갈시켜 여성의 생식 능력을 퇴화시킨다고 주장했다.

이러한 과학관은 정자와 난자의 수정 과정에 대한 연구에서도 잘 드러난다. 20세기에 출판된 대부분의 생물학 교과서에서는 난자가 '잠자는 공주'로 간주되고, 정자는 '달려가는 왕자'의 역할을 맡는다. 정자는 말을 달려 성으로 들어가는 왕자처럼 힘차게 헤엄치며 난자의 막을 뚫고 들어간다. 그러면 난자는 잠자는 공주처럼 가만히 있다가 정자에 의해 구멍이 뚫리면서 비로소 발생을 시작한다. 그러나 수정에 대한 이런 관점은 오류임이 밝혀졌다. 정자의 추진력은 난자의 막을 뚫을 만큼 강하지 않으며, 난자는 화학물질을 분비하여 능동적으로 정자를 포

획하고 난자막을 녹여 정자가 쉽게 들어올 수 있도록 한다. 즉, 정자는 난자를 공격하고 정복하는 것이 아니라 난자의 협조를 받아야만 수정에 성공할 수 있는 것이다. 더 나아가 정자는 남성이고 난자는 여성이라는 도식도 성립될 수 없으며, 정자와 난자는 혼자서는 아무런 성도 지닐 수 없는 존재에 불과하다.

쉬빙거(Londa Schibinger)는 인류가 왜 포유류라는 이름으로 불리는지를 흥미롭게 분석했다. 분류학의 아버지인 린네는 고래, 말, 원숭이, 인간 등의 동물이 '새끼를 낳아 젖을 먹여 기르는' 특징을 공통적으로 가졌다고 해서 포유류라는 이름을 붙였다. 그런데 왜 조류, 양서류, 어류는 신체의 특징이나 서식지를 기준으로 삼고, 이에 비해 인간을 포함한 포유류는 유독 생식 기능을 강조한 것일까? 포유류가 새끼를 젖으로 기르는 것은 분명히 사실이다. 하지만 엄밀하게 말하자면 수유(授乳)는 포유류에 속하는 동물 중에서 암컷만이 가진 기능이다. 그것도 암컷의 일생 중에서 극히 짧은 기간에만 나타난다. 더구나 포유류는 수유 기능 이외에도 심장 구조가 2심방 2심실이라든지, 온몸에 털이 있다든지, 네 발을 가지고 있다는 공통점도 나타낸다. 당시의 분류학자들은 대부분 '네 발 달린 동물'이란 뜻을 가진 'Quadrupedia'를 썼고 린네도 초기에는 이 단어를 그대로 사용했다.

그렇다면 린네는 왜 포유류에 대한 이름을 지으면서 포유류의 절반에만 해당하고 그것도 한시적인 특징에 불과한 수유 기능을 기준으로 삼았을까? 이 질문에 대한 대답은 린네가 살았던 18세기의 사회 분위기와 밀접한 관련이 있다.

18세기의 유럽 사회에서는 여권에 대한 담론이 널리 확산되었다. 그래서 중상류층 여성들이 아이를 유모에게 맡기고 사교 활동에 전념하거나 일부 급진적인 여성들은 아예 아이를 낳지 않으려 했다. 당시의 지배 집단은 적정한 수의 아이들이 있어야 미래의 노동력과 군사력을 보장받을 수 있다고 믿었다. 이 때문에 출산과 육아의 중요성을 강조해 여성들을 가정에 묶어 두려고 했으며, 린네도 이러한 취지에 적극적으로 동조했다. 실제로 린네의 부인은 7명의 자녀를 낳고 모두 젖으로 먹여 길렀다. 이러한 사고방식으로 인해 린네는 분류학 체계를 만들면서 포유류라는 개념을 도입한 것이다.

기술에 관한 여성학 연구는 생산기술, 생식기술, 가사기술 등의 개발과 사용에서 여성이 배제되어 왔다는 점에 주목한다. 생산기술에서는 노동 과정에 대한 통제가 성에 따라 차별적으로 나타나며, 여성은 기술적으로 무능하거나 비숙련노동을 담당하는 존재로 각인되어 왔다는 점이 지적된다. 생식기술에서는 성공률이 그다지 높지 않으며 여성에게 주는 부작용도 심하다는 점이 부각되었고, 남성 과학기술자들이 여성의 몸을 통제하려는 의도가 반영되어 왔다는 주장이 제기된다.

가사기술과 관련하여 코완(Ruth S. Cowan)은 20세기 전반에 등장한 진공청소기, 세탁기, 냉장고 등이 가정주부의 노동을 감소시킨 것이 아니라 오히려 증가시켰다고 주장한 바 있다. 산업화 이전에는 전 가족이 가사노동을 비교적 공평하게 분담했고 경우에 따라 가정의 피고용인과 상업적 대리인의 도움도 받았다. 그러나 산업화 이후에는 생활표준의 상승으로 가사노동의 양은 증가한 반면 가정주부가 가사노동을 전적으로 혼자서 감내하게 되었다는 것이다. 특히 그녀는 새로운 형태의 가사노동이 가정주부에 관한 이데올로기의 변화와 결부되어 있다는 점을 지적했다. 제1차 세계 대전 후에 미국 사회에서는 가사노동이 더 이상 허드렛일이 아니라 가족에 대한 사랑의 표현으로 간주되었다. 그래서 당시의 여성잡지들은 가정주부가 이렇게 고상한 노동을 제대로 수행하지 않거나 다른 사람에게 맡기는 것을 일종의 '죄'라고 표현했다.

여성 과학기술자의 육성과 지원

그렇다면 여성 과학기술자를 육성하고 지원하기 위해서는 어떤 노력을 기울여야 할까? 최근 여성계에서 많이 제기되고 있는 논점은 '성주류화(gender-mainstreaming)'이다. 젠더의 관점(gender perspective)을 모든 정책 과정에 통합하는 것으로서 1995년 북경 세계여성대회에서 공식적인 행동강령으로 수용된 바 있다. 과학기술의 경우에는 유럽위원회(European Commission)가 2002년에 '과학기술에서 성주류화'를 정책 기조로 설정한 후 여성의 과학기술 진출 촉진, 여성 과학기술자의 역량 제고, 여성 과학기술자의 발전 잠재력 확충 등을 도모하고 있다.

여성의 과학기술계 진출을 촉진하기 위한 방안으로는 여학생들의 이공계 진입 유도, 여자 이공계 대학(원)생 지원, 교육과정 및 교육환경 개혁 등이 강조된다. 특히 여학생들의 이공계 진입을 촉진하기 위하여 다양한 형태의 WISE(Women Into Science and Engineering) 프로그램이 실시되고 있다. 여성 과학기술자의 역량을 제고하기 위한 방안에는 과학기술 관련 직종으로의 진출 촉진, 연구 지원, 국제교류 지원, 네트워크의 활성화 등이 있다. 그중 여성 과학기술자에 대한 적극적 조치의 일환으로 채용목표제 혹은 할당제가 세계 각국에서 시도된다. 여성 과학기술자의 발전 잠재력 확충을 위해서는 법·제도 및 전담 기구 마련, 성 인지적 통계자료 구축, 가정생활과의 양립 지원 등이 강조되고 있다.

우리나라는 2000년부터 여성 과학기술자를 육성하고 지원하기 위한 정책적 노력을 본격화했다. 2000년에는 여성 과학자 연구개발 전담 지원 사업이 시작되었고, 2001년에는 여학생 친화적 과학교육 프로그램(WISE) 실시, 올해의 여성 과학자 상 제정, 여성 과학기술 인력 DB 구축, 여성 과학기술 인력 채용 목표제 도입이 이루어졌다. 이어 2002년에는 여성 과학기술인 육성 및 지원에 관한 법률이 제정되었고, 그 법률에 의거하여 2004년에는 여성 과학기술인 육성 및 지원에 관한 기본 계획이 마련되었으며, 2005년부터는 여성 과학기술인 지원센터(Women In Science and Technology, WIST) 사업이 시작되었다.

이와 같은 조치는 현재의 과학기술 활동이 지속되면 여성과 같은 소수자 집단이 참여할 기회가 계속해서 제한될 것이라는 판단에 기초를 두었다. 출발선상에서 이미 평등하지 않으므로, 이를 시정하기 위한 조치인 셈이다. 사실상 여성이 과학기술에서 고등교육을 받는 비율은 증가하고 있지만 여성이 과학기술자로 활동하는 것을 막는 장벽이 여전히 높다면, 공들여 키운 아까운 인재를 놓치는 것과 다를 바 없다.

여성 과학기술자들이 종종 남성과는 다른 경험을 통해 얻은 통찰과 관점을 적용함으로써 새로운 과학기술의 발전에 기여했다는 점에도 주목할 필요가 있다. 물론 그것은 여성이 본질적으로 어떤 특징을 가지기 때문이 아니라, 현실에서 남성과 다른 환경과 가치관을 경험하기 때문에 가능하다. 다양한 경험과 가치관을 가진 과학기술자의 존재는 과학기술이 더욱 창의적이고 풍성한 방향으로 발전할 수 있는 기본적 조건이다.

여성 과학자의 대명사, 마리 퀴리

품앗이로 마친 대학

마리 퀴리(Marie S. Curie, 1867~1934)는 여성 과학자를 대표하는 인물이다. 그녀의 이름 앞에는 '최초'라는 수식어가 늘 따라다닌다. 여성 최초의 노벨상 수상자, 최초로 노벨상을 두 번이나 받은 사람, 여성 최초의 소르본 대학교 교수, 프랑스 의학 아카데미 최초의 여성 회원 등등. 마리 퀴리 하면 떠오르는 유명한 이야기도 많다. 식민지였던 조국 폴란드에서 장학관이 학교를 순시할 때 보란 듯이 러시아어로 책을 낭독했던 어린이, 어려운 여건 속에서도 우수한 성적으로 학업을 마쳤던 여대생, 방사능 연구에 미친 듯이 매달렸던 과학자, 그리고 결국은 방사능 때문에 병에 걸려 쓸쓸히 죽어 간 순교자…….

처녀 때 이름이 마냐 스클로도브스카(Manya Sklodowska)였던 마리 퀴리는 1867년 폴란드의 바르샤바에서 태어났다. 그녀의 아버지는 바르샤바 김나지움에서 수학과 물리학을 가르치는 교사였다. 당시 러시아가 지배하고 있었던 폴란드에서는 학교에서 러시아어를 사용하도록 강요받았는데, 이러한 정책에 공공연히 반대했던 마냐의 아버지는 결국 교사직을 박탈당했다. 집안의 경제 사정은 악화되었고, 식구들은 병에 걸려도 제대로 된 치료를 받지 못했다. 어머니는 지병인 결핵으로 죽었고, 큰 언니는 장티푸스로 죽었으며, 마냐도 기관지염을 자주 앓았다.

어려운 환경 속에서도 마냐는 열심히 공부하여 고등학교를 최우등으로 졸업했다. 마냐의 건강을 염려했던 아버지는 요양을 위해 그녀를 시골로 보냈다. 1년간 요양한 후 고향으로 돌아온 그녀는 수많은 서적을 탐독하다가 자신이 과학에 소질이 있다는 사실을 발견했다. 마냐는 점점 대학에 진학해 공부를 하고 싶은 생각이 간절해졌다. 언니인 브로냐도 마찬가지였다. 그러나 집안 형편으로는 둘은커녕 한 사람도 대학에 진학하기 곤란했다. 어느 날 마냐는 대담한 해결책을 찾았다. "내가 가정교사를 해서 언니의 공부를 뒷받침해 줄게. 대신 언니가 박사학위를 받으면 나를 도와주어야 해."

브로냐는 의학 공부를 위해 파리의 소르본 대학교에 진학했다. 덕분에 마냐는 5년 동안 가정교사 노릇을 했다. 마냐의 첫 직장 생활은 "내가 가장 미워하는 사람이라도 그런 지옥 같은 곳에서 살라고 하지는 않을 거야."라고 말할 정도로 힘들었다. 다행히 두 번째 직장은 부인도 상냥하고 애들도 무난한 가정이었다. 그때 마냐는 그 집안의 장남을 사랑했다. 그러나 그들은 결혼할 수 없었다. 그 집의 안주인은 자신도 결혼 전에 가정교사였다는 사실을 잊어버리고 여자 가정교사 따위를 자신의 가족으로 받아들이려 하지 않았다. 한동안 마냐는 자살할 생각으로 고민하기도 했다.

힘들었던 나날은 지나고, 드디어 브로냐와 마냐의 약속은 지켜졌다. 브로냐는 의사 자격을 취득하면서 대학 동창생과 결혼했다. 그리고 1891년에 마냐는 꿈에도 그리던 소르본 대학교로 유학길을 떠났다. 그때 마냐는 자신의 이름을 프랑스 식인 '마리'로 바꾸어 학교에 등록했다. "마리 스클로도브스카, 자연과학부 학생, 나이는 23세, 머리색은 회색이 섞인 금발, 성격은 과묵함, 재능은 탁월함."

마냐는 언제나 강의실 제일 앞줄에 앉았고 강의가 끝나면 조용히 사라져 버렸다. 4년 동안 마냐는 월세가 15프랑(약 3천 원)인 6층집 다락방에서 궁핍한 수도승 같은 생활을 했다. 창문이라고는 작은 환기창밖에 없었고, 난방도 안 되고 수돗물도 나오지 않았다. 이곳에서 마냐는 빵과 버터와 홍차로 끼니를 때웠다. 여러 번 배가 고파서 기절할 정도였고, 영양부족으로 갖가지 병을 얻어 고생했다. 가난, 굶주림, 병마에도 불구하고 마리는 누구보다 열심히 공부했다. 결국 마리는 1893년에 자기

학급에서 1등을 하고 물리학에서 석사에 해당하는 학위를 취득했다. 다음 해에는 수학에서 같은 학위를 따고 2등으로 졸업했다.

퀴리 부부의 방사능 연구

마리는 폴란드에서 잠시 휴가를 즐긴 뒤 곧 파리로 돌아왔다. 그리고 그녀에게 두 번째 사랑이 싹트기 시작했다. 1894년 파리를 방문한 폴란드 물리학자 코발스키(Joseph Kowalski)가 그의 숙소에서 피에르 퀴리(Pierre Curie, 1859~1906)를 그녀에게 소개했다. 당시 피에르는 파리에 있었던 시립산업물리화학학교의 실험실에서 실장을 맡고 있었던 35세의 노총각이었다. 그는 감동적인 편지로 마리에게 구혼했고 마리도 사랑을 고백했다. 두 사람은 1895년 7월에 결혼식을 올렸다. 그들은 모두 자유사상가였으므로 변호사나 목사가 없이 결혼식을 올렸고 자전거 여행으로 신혼여행을 대신했다. 그들은 이후 평생 자전거로 여행을 하며 심신의 피로를 풀었다. 결혼 직전에 마리는 박사학위 자격시험에 합격했고, 결혼 후에는 피에르의 실험실에서 일했다.

1897년 9월에는 첫 딸인 이렌이 태어났다. 이렌이 태어난 지 3개월이 되었을 때 마리는 박사학위 논문을 위한 자료를 탐색하기 시작했다. 그러나 결정을 내리기가 쉽지 않았다. 당시 물리학자들은 인간이 물리적 세계에 관해서 발견할 것은 모두

마리 퀴리가 남편 피에르와 딸 이렌과 찍은 사진.

발견했다고 보았다. 독일의 유명한 물리학자는 "이제 물리학에서는 좀 더 정확한 측량을 하는 것 외에는 달리 할 일이 없어졌다."라고 선언하기도 했다. 그러나 퀴리 부부의 방사능 연구는 이런 예언이 빗나갔다는 점을 분명히 보여 주었다.

실험실에서 완전히 새로운 분야를 연구하고 싶었던 마리는 베크렐(Antoine H. Becquerel)의 방사선을 연구 주제로 골랐다. 프랑스 물리학자 베크렐이 발견한 '새로운 현상'은 당시 다른 과학자들에게 별다른 주목을 받지 못했다. 베크렐은 형광 현상(어떤 물질에 빛을 비춘 뒤 그 빛을 없애도 그 물질로부터 빛이 나오는 현상)을 연구하고 있었다. 1896년에 그는 우라늄 이황산염으로 실험을 하다가 이 결정체에서 나오는 강한 빛이 형광 현상이 아니라 우라늄 원소의 자연적인 성질과 관련되어 있음을 발견했다. 마리는 피에르가 고안한 검전기(檢電機)를 사용하여 우라늄 방사선의 강도는 화합물 속에 들어 있는 우라늄 양에 비례하고 화합 방식과는 무관하다는 베크렐의 발견을 확인했다.

더 나아가 퀴리 부부는 베크렐과 달리 연구 대상을 우라늄에 국한시키지 않고 당시에 알려진 모든 원소를 조사해 보겠다는 거대한 계획을 세웠다. 그들은 곧 토륨도 우라늄에서 나오는 것과 같은 종류의 빛을 낸다는 사실을 새로이 발견했다. 마리는 이처럼 투과력이 강한 빛을 내는 능력을 '방사능(radioactivity)'이라 이름 붙이고, 방사능을 가진 물질에서 나오는 빛을 '방사선(radioactive rays)'이라 불렀다. 또한 그들은 화합물 속에 들어 있는 우라늄이나 토륨의 농도가 짙어질수록 방사선의 세기가 증가하지만 단순히 농도에 비례하지는 않는다는 것을 알았다. 방사능 원소가 방출한 방사선 중의 일부가 이미 방사선을 방출한 다른 원소들에 의해 흡수되기 때문이었다.

그러나 이것은 연구의 시작에 불과했다. 우라늄이나 토륨의 화합물을 조사하는 도중에 그들은 이산화우라늄 광석이 같은 양의 순수한 우라늄이나 토륨보다 훨씬 큰 방사능을 가진다는 것을 알았다. 그렇다면 이 화합물에는 틀림없이 굉장한 방사능을 가진 원소가 있을 것이다. 그들은 이미 알려져 있는 모든 원소를 조사했지만 해답을 얻을 수 없었다. 결국 그들은 새로운 원소를 찾는 길고도 힘든 작업에 착수했다.

우선 퀴리 부부는 새로운 원소가 이산화우라늄 광석의 1퍼센트도 안 될 것이라고 추정했다. 실험을 위해서는 적어도 10톤의 광석이 필요했는데, 이 광석은 꽤 비싸서 퀴리 부부의 재정 형편으로는 1톤도 감당하기 힘들었다. 그러나 그들은 곧 문제를 해결했다. 만일 찾고자 하는 새로운 원소가 이산화우라늄 광석에 들어 있지만 우라늄과는 다른 것이라면, 우라늄을 추출하고 남은 광석 찌꺼기로부터 그 원소를 분리해 낼 수 있을 것이다. 결국 그들은 45개월 동안의 실험을 통해 1898년에 두 종류의 새로운 방사능 원소를 찾아냈다. 그중 하나는 폴로늄(polonium)으로서 마리의 조국 폴란드를 기념하기 위해 붙인 이름이었고, 다른 원소는 우라늄보다 1만 5,000배나 강한 방사능을 가진 라듐(radium)이었다.

퀴리 부부는 현대 설비를 갖춘 오늘날의 과학자들은 상상도 하지 못할 열악한 조건에서 연구를 했다. 실험실에는 여분의 공간이 없었기 때문에, 앞뜰 건너편의 버려진 헛간에 실험실을 꾸몄다. 그곳은 여름에는 찌는 듯이 덥고 겨울에는 온몸이 꽁꽁 얼어붙도록 추웠다. 몇 톤에 달하는 광석을 낡은 난로에 삽질해서 집어넣으면 그들은 으레 숨을 헐떡거렸다. 또 마땅한 환기 장치가 없어서 독한 연기에 시달리며 기침을 했다. 독일의 현대식 실험실에서 일했던 어느 화학자는 그 건물을 "외양간이나 헛간 정도 되는 곳"이라고 표현하면서 "실험용 기구들이 놓인 실험대만 없었다면 그저 장난으로 만들어 놓은 곳으로 생각했을 것이다."라고 했다.

노벨상보다 더 어려운 과학아카데미

마리는 박사학위 논문을 위해서 방사능 연구를 시작했지만 연구 가치가 너무나 명백했기 때문에 소르본 대학교에서는 공식적인 절차를 면제해 주었다. 그녀는 1903년 6월 박사학위 취득시험을 치른 후 바로 학위를 받았다.

같은 해에 프랑스 과학아카데미는 방사능 연구에 대한 공로를 인정하여 베크렐과 피에르를 노벨 물리학상 수상자로 추천했다. 사실상 가장 중요한 역할을 담당했던 마리는 여자라는 이유로 제외되었다. 그러나 진실은 마리를 외면하지 않았다. 노벨상 후보 지명 위원회의 어떤 위원이 피에르에게 편지를 보내 마리가 노벨상 수상 후보자 명단에서 빠져 있다는 점을 알렸다. 피에르는 마리가 방사능 연구에서 세운 공로를 자세히 지적하면서, "만약 나를 노벨상 수상 후보로 진지하게 생각하는 것이 사실이라면, 나로서는 마리 퀴리와 함께 후보로 추천받고 싶습니다."라고 말했다. 이런 우여곡절을 거쳐 마리는 베크렐과 피에르와 함께 1903년 노벨 물리학상을 받았다.

노벨상을 받자 퀴리 부부는 곧 유명해졌다. 신문에 대문짝만 하게 기사가 나고, 축하 편지 수천 통이 도착했으며, 강연회에 와 달라는 부탁도 수없이 받았다. 1905년에 피에르는 소르본 대학교의 물리학 교수와 프랑스 과학아카데미의 회원으로 발탁되었다. 1906년에는 프랑스 정부의 교육부 장관이 피에르에게 프랑스의 최고 훈장인 레종 도뇌르를 수여하겠다는 의사를 표시했다. 피에르는 마리와 의논하여 훈장을 거절하기로 결정하고 소르본 대학교 학장에게 편지를 썼다. "장관께 고맙다는 제 뜻을 전해 주시기 바랍니다. 그러나 저는 훈장을 받을 필요가 전혀 없다고 생각합니다. 단지 실험실 하나가 절실히 필요하다는 점을 장관께 말씀드려 주십시오."

그러나 불행하게도 피에르는 새로운 지위를 1년 남짓밖에 누리지 못했다. 1906년 폭풍우가 치던 날, 그는 길을 건너다 마차에 치여 죽고 말았다. 피에르의 죽음은 마리를 뒤흔들었지만 남편의 교수직을 이어받아 함께 했던 연구를 계속 진척시키는 것으로 슬픔을 삭였다. 여성이 교수가 되기는 소르본 대학교 650년 역사상 마리가 처음이었다. 마리는 자신을 돌보지 않고 연구와 강의에 헌신하였으며 방사능에 대한 공식적인 표준을 정하는 일에 힘을 쏟았다. 1910년 벨기에에서 열린 방사능 대표자회의에서는 방사능의 크기를 재는 단위를 '퀴리'라고 정했는데, 1퀴리는 라듐 1그램이 방출하는 방사능의 크기를 말했다.

1911년은 마리에게 악몽과 같은 한 해였다. 동료들의 간청에 따라 과학아카데미의 회원 선거에 출마했는데, 이미 과학계에서 은퇴해야 마땅한 66세의 브랜리(Edouard Branly)라는 과학자가 경쟁 상대였다. 그는 무선전신 개발에 크게 기여한 사람으로서 독실한 가톨릭 신자였다. 회원 선거는 저명한 학자들이 주도하는 점잖은 절차에 따라 이루어지지 않았다. 정치적으로 자유주의적인 사람들과 여성의 권리를 높여야 한다는 사람들이 한 패가 되고, 다른 나라 출신을 배척하는 협소한 민족주의자들과 여성의 사회 활동에 대해 보수적인 사람들이 한데 뭉쳐 전개된 치졸한 싸움이었다. 1911년 1월 23일 마리는 한 표

여성 과학자의 귀감이 된 마리 퀴리.

차이로 떨어졌다. 마리는 그 후 과학아카데미 회원 선거에 출마하지 않았으며, 10년 동안 과학아카데미에 논문을 싣지 않았다. 이에 비해 프랑스 의학아카데미 는 1927년에 마리를 첫 번 째 여성 회원으로 받아들 였다.

더욱더 마리를 곤란하 게 만들었던 것은 랑쥬뱅 (Paul Langevin)과의 연애 사건이었다. 그는 재능 있고 영향력이 큰 프랑스 출신의 물리학자로서 마리보다 다섯 살이나 젊은 매 력적인 남자였다. 부인과 사이가 좋지 않았던 랑쥬뱅은 공교롭 게도 마리의 실험실 근처에 방을 얻었고, 마리는 가끔 그의 방 을 방문하여 음식을 만들어 함께 먹기도 했다. 그러자 그해 여 름에는 랑쥬뱅의 책상에서 마리 퀴리에게 보내는 연애편지가 발견되었다는 소문이 퍼졌고, 가을에는 랑쥬뱅의 부인이 이혼 을 요구하기에 이르렀다. 급기야 11월에는 마리와 랑쥬뱅이 몰 래 만나 사랑을 나눈다는 신문 기사가 났다. 어떤 프랑스 신문 은 폴란드 출신의 늙은 과부가 프랑스의 젊은 남자를 유혹했다 고 비꼬았다. 좋지 못한 소문은 12월에 랑쥬뱅 부부가 화해할 때까지 끝없이 계속되었다.

마리는 랑쥐뱅과의 소문이 점차 커지고 있을 때 노벨상 재단으로부터 1911년 노벨 화학상 수상자로 결정되었다는 통지를 받았다. 퀴리 부부가 처음 발견한 라듐은 화합물이었고, 마리는 남편이 죽은 후 4년 동안 노력한 끝에 순수한 라듐 금속을 분리하는 데 성공했던 것이다. 이로써 마리는 역사상 두 개의 노벨상을 받은 최초의 인물이 되었다. 그녀는 그 상을 연구 범위를 넓히는 계기로 받아들였고, 딸 이렌과 함께 방사능 물질의 화학적 성질과 그것의 의학적 활용 가능성에 대한 연구에 몰두했다.

라듐의 의학적 활용

1914년에 제1차 세계 대전이 발발하자 마리는 부상병을 치료하기 위한 기금을 모집하고 X선 치료 부대를 조직하는 데 앞장섰다. 마리는 프랑스 적십자에 의해 국방 방사능부대 대장으로 임명되었고, 전쟁이 끝날 때까지 딸 이렌을 포함한 150명의 여성 X선 기술자를 양성했다. X선 부대원들은 프랑스 및 벨기에 전선에서 200개의 이동 진료소를 개설해 백만 명 이상의 부상병을 치료했다. 마리는 1916년에 운전면허를 따서 X선 장비를 갖춘 앰뷸런스를 직접 운전하기도 했다. 그녀는 전쟁 경험을 바탕으로 『방사능 물질과 전쟁』이라는 책을 썼고, 1922년에는 전쟁을 반대하는 국제지식인연합회 회원으로 활동했다.

동시에 마리는 라듐 연구소를 설립하는 데 심혈을 기울였다. 얼마 되지 않는 모든 재산은 연구소를 세우는 데 사용했다. 1914년에 위원회가 조직되었으며 그해 말에 연구소 건물이 완성되었다. 연구소는 전쟁이 끝난 1918년에 활동을 시작했는데, 1930년대 초반에는 17개국의 연구원들이 모여들어 왕성한 연구 활동을 벌였다. 라듐 연구소는 파스퇴르 연구소와 협동하여 라듐의 의학적 활용에 관한 연구를 적극적으로 추진했다. 또, 1921년에는 프랑스 은행과 자선 재단의 도움으로 퀴리 재단이 설립되어 방사능 연구를 적극적으로 지원했고, 프랑스 의회는 1923년에 마리에게 평생 동안 보조금을 지급하기로 결정했다. 1932년에는 마리의 고향인 폴란드 바르샤바에 마리 스클로도브스카 퀴리 라듐 연구소가 설립되었다.

마리의 뛰어난 업적 중 하나는 질병 치료와 방사능 연구를 지원하기 위해 라듐을 축적해야 한다는 사실을 이해한 일이었다. 마리는 자신의 노력으로 0.5그램의 라듐을 모았지만 본격적인 연구를 하기에는 턱없이 부족한 양이었다. 그러던 중 1921년에 미국에서 모금 운동이 전개되어 라듐을 구입하기 위한 자금이 모였다. 친구 소개로 만난 마리 멜로니(Marie Melonry)라는 저널리스트 덕분이었다. 그는 마리와 최초로 공식적인 인터뷰를 한 사람인데, 인터뷰 대가로 마리에게 라듐 시료 1그램을 제공하겠다고 제안했다. 드디어 그해 말 미국의 하딩(Warren G. Harding) 대통령은 모금된 자금으로 구입한 라듐을 마리에게 기증했다. 그것은 1930년에 입자 가속기가 출현할 때까지 핵물리학자들의 훌륭한 연구 수단이 되었으며, 실제로 딸 이렌과 사위 졸리오가 인공방사능을 발견하는 데 크게 기여했다.

그러나 날이 갈수록 마리의 건강은 점점 나빠졌다. 백내장 수술을 네 번이나 받았고 1931년부터는 손가락도 제대로 쓸 수 없었다. 백내장은 방사능 병이 생긴 후 나타나는 첫 번째 징조이다. 퀴리 부부가 연구를 시작할 때만 해도 방사능의 위험은 알려지지 않은 상태였다. 심지어 피에르는 액체 상태의 라듐이 든 시험관을 주머니에 넣고 다녔으며, 마리는 방사능 물질을 두 사람의 침대 머리맡에 두기도 했다. 결국 마리는 1934년 알프스 산맥 밑에 있는 한 요양원에서 죽었다. 사위 졸리오가 마리의 실험 노트를 조사해 보니 엄청난 양의 방사선으로 오염되어 있었다. 결국 마리는 자신의 연구에 대한 순교자였던 셈이다.

많은 사람이 마리 퀴리의 죽음을 슬퍼하는 글을 썼다. 그중에서 아인슈타인(Albert Einstein)이 쓴 글이 가장 감동적이다. "힘과 의지의 순수함, 자신에 대한 철저한 엄격함, 뚜렷한 주관, 그리고 흔들리지 않는 판단력, 이 모든 것이 한 개인에게서 발견된다는 것은 극히 드문 일입니다. …… 그녀가 위대한 과학적 업적을 성취할 수 있었던 것은 대담한 직관에 의지한 결과가 아니라 상상할 수조차 없을 정도의 어려움 속에서 헌신적으로 집요하게 파고든 노력의 결과입니다."

핵분열을 발견한 유대인 여성, 리제 마이트너

'핵분열'이라는 용어를 만든 사람

독일의 화학자인 오토 한(Otto Hahn, 1879~1968)은 1938년에 '핵분열(nuclear fission)'을 발견한 공로로 1944년 노벨 화학상을 받았다. 그러나 핵분열의 발견을 한 사람의 업적으로 돌리기는 어렵다. 핵분열을 발견하는 데 오토 한에 못지않은 업적을 남겼던 인물은 여성 물리학자인 리제 마이트너(Lise Meitner, 1878~1968)이다. 마이트너는 한의 절친한 동료로서 약 40년간 동일한 주제를 놓고 함께 연구했다. 새로운 핵반응 존재를 확신하고 핵분열이라는 용어를 만든 사람도 마이트너였다. 마이트너가 노벨 화학상을 수상하지 못한 것은 업적이 미

약해서가 아니라 여성이자 물리학자라는 존재적 조건 때문이었는지도 모른다.

핵분열 현상을 규명한 리제 마이트너.

1938년 크리스마스를 앞두고 스톡홀름 교외의 한 오두막에서는 두 남녀가 야단법석을 떨었다. 유대인인 마이트너는 그해 여름에 나치의 박해를 피해 베를린을 탈출하여 스톡홀름에 정착했고, 그녀의 조카 프리쉬(Otto R. Frisch)는 이모를 위로하러 휴가를 받아 코펜하겐에서 올라왔다. 사건의 발단은 마이트너의 동료인 오토 한이 편지에 적어 보낸 '새롭고 이상한' 실험 결과였다. 직무에 충실했던 집배원은 교외로 간 마이트너의 행방을 수소문해 오두막까지 편지를 들고 왔다.

거기에는 우라늄(원자번호 92)에 중성자를 쏘면 바륨(원자번호 56) 동위원소가 생성된다는 실험 결과가 실려 있었다. 흥분을 감추지 못한 이모와 조카는 실험치를 계산해 보면서 열띤 토론을 벌였다. 다음 날 새벽에 그들은 새로운 종류의 핵반응이 존재한다는 것을 확신할 수 있었다. 휴가를 멋지게 날린 프리쉬는 황급히 코펜하겐으로 돌아가 스승인 보어(Niels Bohr)에게 새로운 발견을 전했고, 보어는 즉시 전화를 걸어 영국의 과학자들에게 그 사실을 알렸다. 다음 해 1월에 마이트너는 그 반응의 물리적 특성을 규명한 후 이를 '핵분열'로 명명했으며, 보어는 미국 물리학회에 핵분열 반응의 존재를 공포했다.

희귀한 여성 과학자

리제 마이트너는 1878년에 오스트리아의 전신인 합스부르크 제국의 수도 비엔나에서 태어났다. 그녀의 부모는 모두 유대인 출신의 자유사상가였으며, 아버지는 제법 큰 가게를 운영했다. 마이트너는 학창 시절에 매우 우수한 학생이었고, 특히 과학 분야에 뛰어난 재능을 보였다. 그러나 그녀가 독립적인 여성으로 살아가길 원했던 아버지는 그녀에게 프랑스 교사 자격시험을 권했다. 시험에 합격한 후 그녀는 아버지를 설득하여 과학에 대한 본격적인 학습을 위해 1901년에 비엔나 대학교에 입학했다.

당시 비엔나 대학교에서는 '여대생을 희귀한 동물 보듯이' 대했으므로 여학생이 대학 생활에 적응하기는 쉽지 않았다. 마이트너도 예외가 아니어서 동료들과의 공동 생활보다는 선생님들과의 학문적 토론에 몰두했다. 그녀는 볼츠만(Ludwig Boltzmann)의 강의에 매료되어 물리학을 전공했고, 1902년에 퀴리 부부가 라듐을 발견했다는 소식을 듣고 당시의 첨단 분야인 핵물리학에 흥미를 갖기 시작했다. 마이트너는 1905년에 비균질 물질의 열전도에 관한 논문으로 박사학위를 받았다. 비엔나 대학교에서 여성이 과학으로 박사학위를 받기는 마이트너가 두 번째였다.

졸업 후에 마이트너는 아버지의 재정적 후원에 힘입어 박사 후 과정을 밟기 위해 1~2년의 계획으로 베를린 대학교에 갔다. 그 대학의 물리학자들과 화학자들은 주로 방사능 연구에 몰두하고 있었다. 마이트너가 한을 만났던 곳도 베를린이었다. 한은 러더퍼드(Ernest Rutherford) 밑에서 수학했던 유능한 방사화학자로서 당시에 베를린 대학교의 화학연구소에 근무하고 있었다. 그는 자신과 같이 실험할 물리학자를 찾고 있었고, 그 소식을 접한 마이트너는 한을 찾아갔다. 한은 마음이 넓었고 두 사람은 나이도 비슷했으므로 쉽게 친해졌다. 흥미롭게도 두 사람은 같은 해에 죽었다.

그러나 여성 과학자가 희귀하기는 베를린의 경우도 마찬가지였다. 물리학과 교실 복도에서 마이트너를 본 학과장 플랑크(Max Planck)는 다른 사람에게 "지금 지나간 사람이 치마를 입고 있었느냐?"라고 물을 정도였다. 더구나 화학과 학과장인 피셔(Emil Fischer)는 학교 관례에 따라 여성의 연구소 출입을 금지했다. 마이트너는 연구소 정문이 아니라 청소부들이 사용하는 반(半)지하 뒷문을 사용하고 '복도에서는 얼씬거리지 않겠다'는 조건으로 간신히 연구소에 출입할 수 있었다. 피셔의 규제는 베를린 대학교가 여성 입학을 허용한 1908년에 풀렸다.

행복했던 베를린 시절

이렇게 시작된 마이트너의 베를린 생활은 당초의 계획과 달리 32년 동안이나 지속되었다. 그녀와 한은 화학연구소에 핵물리학연구센터를 설립했고 카이저-빌헬름 화학연구소(Kaiser Wilhelm Institut für Chemie)가 개설한 실험실을 운영했다. 그들은 주로 방사능 물질에 복사선을 쏠 때 생기는 변환을 탐구했다. 새로운 원소를 발견하려는 화학자와 복사선의 성격을 규명하려는 물리학자의 결합은 이상적이었다. 그러나 1913년까지만해도 동위원소의 개념이 없었으므로 생성 물질의 성격을 규명하는 것이 쉽지는 않았다.

제1차 세계 대전이 발발하자 한은 군대에 들어가 전쟁과 관련된 연구를 했고 마이트너는 오스트리아 육군의 X선 간호사로 지원했다. 전쟁이 끝날 무렵 그들은 다시 베를린에 모였다. 다시 시작한 집요한 실험 끝에 그들은 프로탁티늄(protactinium, 원자번호 91)이라는 새로운 원소를 분리하는 데성공했다. 마이트너는 1917년에 카이저-빌헬름 화학연구소의물리학과 주임이 되었고 1926년에는 베를린 대학교 물리학과조교수로 임용되었다. 이제 그녀는 독자적인 연구를 수행하면서 동시에 학생들을 교육해야 하는 새로운 역할을 맡았다.

베를린 대학교에서는 일주일에 한 번씩 물리학 토론회가 열렸다. 거기에는 아인슈타인, 네른스트(Walther Nernst), 슈뢰딩거(Erwin Schrödinger) 같은 당대의 대가들이 참석했다. 베를린의 남성 물리학자들은 마이트너의 능력을 높이 평가하여 그녀를 '우리들의 퀴리'로 추켜세웠다. 그러나 마이트너를 유능한 여성 물리학자로만 알고 있었던 신문기자들은 그녀가 우주선 물리학(cosmic ray physics)을 주제로 기념 강연을 했을 때 그것을 '화장품 물리학(cosmetic physics)'으로 보도하는 해프닝을 벌였다.

베를린은 마이트너에게 최신 물리학을 연구할 수 있는 좋은 여건을 제공했다. 특히 그녀는 핵물리학 분야의 새로운 실험 기법을 소화하는 데 탁월한 능력을 보였다. 그녀는 전자의 편향 각도를 달리한 실험을 통해 국소화된 전자선이 나타난다는 것을 보여 주었다. 전자의 연속적인 스펙트럼을 가정한 고전물리학이 고정된 각도에서 전자를 편향시킨 실험에 의존하는 것과는 완전히 정반대였다. 또한 그녀는 밀리컨의 기름방울 실험을 알파 입자의 이온화 밀도를 탐구하는 데 적용했고, 윌슨의 구름 상자를 통해 느린 전자의 성질을 연구하였으며, 가이거-뮐러 계수기를 사용한 실험으로 콤프턴 효과를 검사했다.

1930년대 초는 핵물리학이 극적으로 변화한 시기였다. 중성자, 양전자, 인공방사능이 각각 1932년부터 1년 간격으로 발견되었다. 또한 1934년에는 페르미(Enrico Fermi)가 원소에 중성자를 쏘는 실험 기법을 선보였다. 중성자는 질량만 있고 전하는 없었으므로 방사능 추적자로 사용하기에 안성맞춤이었다. 마이트너는 한과 함께 페르미의 연구 결과를 검토하면서 폴로늄(원자번호 84)과 우라늄(원자번호 92) 사이의 모든 원소를 분리한다는 야심 찬 계획을 세웠다. 여기에는 한의 제자였던 슈트라스만(Fritz Strassmann)도 가세했다.

나치의 박해를 피해

그러나 정치적 상황의 변화는 마이트너의 신변에 위협을 가했다. 1932년 나치가 정권을 장악하자 그녀는 유대인 출신이라는 이유로 독일 경찰의 감시 대상이 되었다. 교수라는 신분이 그녀의 방패막이 되어 주었지만 1938년에 오스트리아가 독일에 합병되자 문제는 더욱 커졌다. 급기야 한을 제외한 모든 과학자들은 마이트너에게 네덜란드로 피신할 것을 권했다. 그들은 마이트너의 탈출을 위해 닥치는 대로 보석을 모았으며, 심지어 플랑크는 자신이 아끼던 순금 기념 메달도 건넸다. 마이트너는 일주일의 휴가를 빙자하여 네덜란드로 가는 기차에 올랐고 나치 순찰대원의 추격을 따돌리고 간신히 국경을 넘었다.

마이트너는 네덜란드에서 잠시 머문 후에 보어와 프리쉬가 있었던 덴마크로 갔다. 거기서 그녀는 스웨덴에 새로 설립된 노벨 물리 연구소의 초청을 받았다. 프리쉬는 코펜하겐에 머물 것을 종용했으나, 연구소에 건설 중이었던 사이클로트론이 큰 매력으로 작용했다. 그녀는 60세의 나이에 이국 땅 스톡홀름으로 향했다. 당시 한과 슈트라스만은 우라늄에 중성자를 쏘는 실험을 하면서, 그때 생성되는 물질을 라듐의 동위원소로 생각했다. 마이트너는 그들로부터 데이터를 입수하여 검토하고 그들의 결론이 잘못되었 다는 점을 밝혔다. 한과 슈트라스만은 다시 실험 을 시작하여 생성 물질 이 라듐의 동위원소가 아니라 바륨이라는 것을 알아냈고, 그 소식을 마 이트너에게 전달했다. 서 두에서 지적한 핵분열 반 응은 이러한 탐구의 결과 였던 것이다.

마이트너가 한과 함께 연구하는 모습.

한과 마이트너는 아인 슈타인의 에너지-질량 등가원리를 바탕으로, 중성자가 충돌해 한 개의 우라늄 핵이 두 개의 핵으로 분열할 때 방출되는 에너 지가 2억 전자볼트에 이른다고 계산했다. 보통 화약이 폭발할 때 발생하는 에너지의 2천만 배에 달했다. 1939년 초에 마이트 너가 「네이처」에 쓴 논문에 대해 어떤 물리학자는 다음과 같이 말했다. "그녀는 콜럼버스가 신대륙을 발견할 때 느낀 것에 필 적하는 감동을 받았을 것이다. 그녀와 한은 이 세대의 가장 위 대한 발견과 만난 것이다. 그들은 원자력이라는 풍부한 에너지 의 세계로 우리들을 안내할 작은 길을 열어 놓았다."

학문적 호기심에 지나지 않았던 핵분열은 1939년 4월에 프 랑스의 물리학자들이 '연쇄반응'을 발견한 후 뜨거운 감자로 떠올랐다. 핵이 분열하면 막대한 에너지뿐만 아니라 여분의 중성자들이 방출되며, 그것들이 또 다른 원자들을 분열시켜 점점 더 많은 에너지와 중성자들을 방출한다는 것이었다. 급기야 1939년 9월에 제2차 세계 대전이 발발하면서 핵분열과 연쇄반응은 원자탄을 제조하는 과학적 기초로 작용했다. 원자탄 개발 사업은 독일과 영국에서 시작되었으며 1942~1945년에 미국에서 추진된 '맨해튼 계획(Manhattan Project)'을 통해서 완료되었다.

노벨상 대신 받은 페르미상

마이트너는 자신의 발견이 파괴적인 용도로 쓰이는 것을 달가워하지 않았으며 원자탄 개발팀에서 활동하라고 권하는 영국의 요청을 거절했다. 원자탄이 투하된 이후에 그녀는 "이처럼 짧은 기간에 원자폭탄이 완성된 데에 놀라지 않을 수 없다. 핵분열의 발견이 때마침 전쟁 시기와 겹친 것은 불행한 우연이었다."라고 말했다. 또한 그녀는 인류가 서로 협력하면 원자력의 평화적 이용이 가능하다는 낙관적인 견해를 가지고 있었다. "나는 미국과 소련의 협력으로 모든 국가 사이에 더욱 좋은 관계가 형성될 수 있다고 생각하며, 원자폭탄 투하 같은 놀라운 사태를 피할 수 있다고 생각한다."

1946년에 마이트너는 미국으로 건너가 1년 동안 워싱턴 가톨릭 대학교의 객원교수로 활동했다. 베를린의 많은 동료들을 거기서 만날 수 있었지만 독일에 머물러 있었던 한을 볼 수는 없었다. 이전의 베를린 같은 분위기는 다시 돌아오지 않았다. 1947년에 마이트너는 다시 스웨덴으로 가서 스웨덴 원자력위원회에서 활동했다. 말년에 그녀는 프리쉬가 있었던 영국 케임브리지로 가서 여생을 보내다가 90세 생일을 목전에 두고 1968년에 세상을 떠났다. 그녀의 묘비에는 '한 번도 인간적인 면모를 잃은 적이 없는 물리학자'라는 글귀가 새겨졌다.

마이트너는 1945년에 스웨덴 과학아카데미의 외국인 회원이 되었으며 1949년에는 베를린 과학아카데미 회원으로 선출되었다. 여성이 베를린 과학아카데미의 회원이 되기는 그녀가 처음이었다. 마이트너는 1966년에 한과 슈트라스만과 함께 미국의 원자력위원회가 수여하는 엔리코 페르미상을 수상했다. 마이트너가 세상을 떠난 후인 1984년에는 독일 과학자들이 새로 발견한 109번 원소를 마이트너륨(meitnerium, 원소기호 Mt)으로 명명하면서 그녀의 업적을 기렸다.

어머니의 뒤를 이어, 이렌 퀴리

외할아버지의 품에서

역사상 노벨 과학상을 세 번씩이나 수상한 집안이 있다. 바로 퀴리 집안이다. 피에르 퀴리와 마리 퀴리는 1903년에 방사능 현상을 발견한 공로로 1903년에 노벨 물리학상을 수상했으며, 마리 퀴리는 1911년에 순수 라듐을 분리한 업적으로 노벨 화학상을 받았다. 또 그들의 딸인 이렌 졸리오 퀴리(Irène Joliot Curie, 1897~1956)와 사위인 프레데릭 졸리오(Frédéric Joliot, 1900~1958)는 인공방사능 원소를 발견한 공로로 1935년에 노벨 화학상을 수상했다. 더구나 1965년에는 마리 퀴리의 둘째 사위인 라뷔스(Henry R. Labouisse)가 활동하고 있었던 국제연

합 어린이 기금(UNICEF)이 노벨 평
화상을 탔으니 퀴리 집안이 관련된
노벨상은 네 개인 셈이다.

이렌 퀴리.

이렌 퀴리는 1897년에 프랑스 파
리에서 태어났다. 퀴리 부부가 일하
는 동안에는 주로 할아버지인 으젠
퀴리가 이렌을 돌봐 주었다. 외가 쪽
은 프랑스가 아닌 폴란드에 있었던
데다 할머니는 이렌이 태어난 지
몇 주 후에 돌아가셨기 때문이다. 할아버지는 아들 피에르를
키울 때처럼 이렌을 키웠다. 이렌에게는 할아버지가 사실상의
부모였다. 이렌에 따르면 "나의 정신적 기반은 할아버지로부터
매우 많은 영향을 받았다. 그리고 정치 및 종교 문제에 대한 반
응 역시 어머니보다는 할아버지로부터 온 것이 많다."

이렌이 7살 때 여동생 에브가 태어났다. 그리고 16개월 후
에는 아버지가 말이 끄는 수레에 치여 돌아가셨다. 홀어머니로
서 두 딸을 키우게 된 마리 퀴리는 딸들에게 요리와 바느질을
가르치는 것은 물론 과학자답게 수학을 가르치기도 했다. 마리
퀴리는 프랑스의 교육제도를 몹시 싫어했다. 그녀는 프랑스 학
교의 너무 긴 학습시간, 열악한 조명과 난방 시설, 형편없는 점
심 식사를 불평했다. 게다가 육체적 운동도 충분하지 못하고
예술 교육도 없고 과학실험도 변변치 못하다고 생각했다.

이렌이 초등학교를 졸업하자 마리 퀴리는 동료 교수들을 설

득하여 협동사립학교를 설립했다. 대학교수 여섯 명의 가정에서 어린이 열 명이 그 학교에 입학했고, 교수들이 일주일씩 돌아가며 담임을 맡았다. 학습 과목은 교수의 전공에 따라 문학, 미술, 수학, 과학, 영어, 독일어로 구분되었다. 이렌은 당시 베스트셀러였던 『쿠오 바디스』의 폴란드어 원본을 프랑스어로 번역해서 급우들을 즐겁게 해 주었다. 이렌은 그때의 급우들과 가까운 친구가 되었다. 그들은 그녀가 일생 동안 사귄 어떤 사람보다도 마음이 잘 통했다.

어머니에게 바친 박사학위

1911년에 이렌은 매우 충격적인 사건을 경험했다. 이렌이 방과 후에 체육관에서 운동을 하고 있었는데 친구가 신문을 건네주었다. '러브 스토리! 마담 퀴리와 랑쥬뱅 교수'라는 큼지막한 제목이 보였다. 이전에 이렌이 다녔던 협동사립학교의 수학 선생님과 엄마의 사랑에 관한 불쾌한 기사였다. 이렌은 그것을 보고 얼굴이 하얗게 질려 졸도했다. 엄마를 보자 이렌은 공포에 질린 사람처럼 그녀의 치맛자락에 매달려 멍하니 엎드려 있었다.

마리 퀴리와 랑쥬뱅 교수의 관계를 둘러싼 소문이 절정에 달하던 1911년 11월 8일에 마리 퀴리는 두 번째 노벨상을 받게 되었다는 소식을 접했다. 그녀는 정신을 가다듬고 노벨상 수상 기념 강연을 위해 이렌을 데리고 스웨덴으로 떠났다. 스

웨텐에서 이렌은 어머니에 대한 극진한 대접에 입이 벌어질 정
도로 감탄했다. 자기 어머니가 얼마나 유명하고 중요한 사람이
며 세계 과학자 사회에서 어떤 지위를 가지고 있는지를 비로소
깨달았던 것이다.

1914년에는 유럽에서 제1차 세계 대전이 터졌다. 당시에 마
리 퀴리는 부상당한 병사를 치료하기 위한 기금을 모집하고 X
선 치료 부대를 조직하는 데 앞장섰다. 마리 퀴리는 이렌의 요
청을 받아들여 아직 18살에 지나지 않았던 딸을 X선 치료 부
대로 보냈다. 이렌은 전쟁터에서 몇 킬로미터 떨어지지 않은 병
원을 돌아다니며 X선 촬영기를 설치하고 조작하는 방법을 가
르쳤다. 한번은 아미엥 시에 X선 촬영기를 설치하려고 했는데,
군 당국은 아미엥 시가 심한 폭격을 받은 상태여서 당장 기계를
설치하는 것은 곤란하다고 말했다. 그러나 이렌은 침착한 태도
로 기차에서 X선 기계를 내려 한 시간도 안 되어 X선을 설치한
후 부상병들을 X선으로 촬영하는 일을 시작했다.

전쟁이 끝난 1918년부터 이렌은 어머니가 운영하던 라듐 연
구소에서 조수로 근무했다. 이렌은 1914년부터 1920년까지 어
머니와 마찬가지로 소르본 대학교에서 물리와 수학을 공부해
1등으로 졸업했다. 그 후 소르본 대학교의 박사과정을 밟으면
서 라듐 연구소의 연구원으로 본격적인 연구 활동을 시작했다.
이렌은 연구에 대단한 열정을 가지고 있었다. 처음에 이렌은 오
직 즐거움 때문에 실험을 했으며 '부모님처럼 큰 성공을 할 수
있을까?' 하는 생각은 결코 해 본 적이 없었다. 이렌은 어머니

와 함께 일하면서 아버지를 대신해 어머니를 보호해 주는 역할도 했다. 이렌 스스로도 "나는 어머니와 많이 달랐죠. 아마 아버지를 더 많이 닮았던 것 같아요. 어머니와 사이가 그토록 좋았던 것도 아마 그런 이유 때문이죠."라고 말했다.

이렌은 남자 같은 여자였다. 해마다 여름이면 짐을 잔뜩 지고 15일 넘게 등산을 했다. 유행의 도시라는 파리에 살면서도 활동하기 편리하도록 소매와 허리가 넓은 치마를 좋아했다. 또한 말수가 적었고 직설적이었다. 어떤 사람은 "이렌은 무엇이든 사실대로 말할 뿐 아니라 잘못된 것을 보면 그것을 꼭 지적하고 마는 성격이다."라고 평가했다.

1925년에 이렌은 헐렁한 드레스 차림으로 소르본 대학교 강단을 성큼성큼 걸어 올라갔다. 자신의 박사학위 논문을 설명하기 위해서였다. 이렌은 1898년에 마리 퀴리가 발견했던 방사능 원소인 폴로늄이 분해되면서 발산하는 알파 입자를 분석해 논문을 작성했다. 특히 이렌은 알파 입자가 물질을 통과하면서 어떻게 속도가 줄어드는지를 집중적으로 다루었다. 이렌은 논문 끝에 '그녀의 딸이자 제자가 마담 퀴리에게 바친다'라고 썼다.

남편과 함께 인공방사능을 발견하다

이렌이 박사학위를 취득한 지 얼마 뒤에 마리 퀴리는 연구소 직원을 채용하기 위해 면접시험을 주관했다. 시험 대상자 중에는 랑쥬뱅의 추천을 받은 프레데릭 졸리오라는 젊은 육군 장교

한 명이 포함되어 있었다. 그는 퀴리 부부의 사진을 실험실 벽에 붙여 둘 정도로 퀴리 부부를 숭배했다. 그는 당당히 시험에 합격하여 다음 날부터 라듐 연구소에서 일하게 되었다.

이렌은 프레데릭보다 3살이 많았다. 두 사람의 성격은 겉으로 보기에는 정반대였다. 이렌이 무뚝뚝한 반면 프레데릭은 부드러웠다. 이렌이 혼자서 생각하는 것을 좋아하는 반면, 프레데릭은 매우 사교적이었다. 그러나 이렌은 곧 자신과 프레데릭이 매우 많은 공통점을 가지고 있다는 사실을 알게 되었다. 두 사람은 모두 야외 스포츠를 좋아했으며, 정치적으로는 전쟁을 반대하는 좌파에 속했다. 프레데릭의 사교적인 성격은 이렌을 더 부드러운 사람으로 만들었다. 가장 중요한 사실은 두 사람 모두 과학을 깊이 사랑했고, 서로의 능력에 대해 존경심을 품는다는 점이었다.

어느 날 아침, 이렌은 아침 식사 후에 어머니 방으로 들어가 새로운 소식을 전했다. 프레데릭과 약혼했다는 사실을 통고한 것이다. 프레데릭과 이렌은 1926년 10월에 결혼했다. 처음 2년 동안은 마리 퀴리와 프레데릭 사이에 약간의 갈등이 있었지만, 프레데릭의 능란한 사교술로 극복할 수 있었다. 결혼 당시 이렌은 이미 과학자로서 이름이 나 있었지만 프레데릭은 아직 풋내기에 지나지 않았다. 그래서 프레데릭을 비판하는 사람들은 그를 '기둥서방'이라고 불렀다.

이렌은 1927년에 엘렌이라는 딸아이를 낳았다. 흥미롭게도 엘렌은 나중에 랑쥬뱅의 손자와 결혼했다. 엘렌이 태어난 후

의사들은 이렌에게 폐결핵에 걸렸으니 휴식을 취하고 애는 더 이상 낳지 말아야 한다고 충고했다. 그러나 이렌은 1932년에 남자아이를 낳았고 외할아버지를 따라 이름을 피에르로 지었다. 그로부터 20년간 이렌은 만성적인 폐결핵으로 고생했다.

1930년대는 방사능 물질과 관련된 연구가 꽃 피는 시기였다. 수많은 핵물리학자들과 방사화학자들이 속속 그 분야에 뛰어들기 시작했다. 1932년에는 영국 물리학자인 채드윅(James Chadwick)과 미국의 물리학자인 앤더슨(Carl D. Anderson)이 각각 중성자 및 양전자를 발견하여 1935년과 1936년에 노벨 물리학상을 수상했다. 졸리오-퀴리 부부는 그들보다 앞서 실험을 했지만 발견한 입자의 성격을 충분히 이해하지 못해 두 번씩이나 노벨상을 놓치고 말았다.

1933~1934년에 졸리오-퀴리 부부는 또 다른 중요한 실험을 했다. 그들은 얇은 알루미늄 호일 옆에 폴로늄을 놓고 수소 핵들이 튀어나올 거라고 기대했다. 그러나 수소 핵은 나오지 않고 중성자와 양전자들이 튀어나왔다. 얼마 후 프레데릭은 폴로늄 옆에 있던 알루미늄을 멀리 떼어 놓고 다시 실험을 했다. 중성자는 더 이상 방출되지 않았는데 양전자들이 계속 쏟아져 나왔다. 그것은 폴로늄의 알파 입자의 포격과는 별도로 알루미늄 핵 내부에서 특별한 현상이 벌어지고 있다는 것을 뜻했다.

프레데릭은 이렌에게 달려가 빨리 와서 보라고 했다. 그는 또다시 알루미늄을 폴로늄에서 멀리 떼어 거기서 나오는 양전자의 세기를 측정했다. 양전자의 세기가 점점 커지더니 어느 순간에 양전자가 없어졌다. 그것은 새로운 방사능의 존재를 알려 주었다. 알루미늄 핵은 폴로늄으로부터 알파 입자를 흡수하고 중성자를 방출했는데, 그 과정에서 잠시 무거운 원소인 인으로 변했다. 그러나 인의 핵은 극히 불안정하여 다시 곧 양전자를 방출하면서 안정된 원소인 규소로 변했다. 졸리오-퀴리 부부는 바야흐로 안정된 원소가 인공적으로 방사능을 지니게 하는 데 성공했던 것이다. 졸리오-퀴리 부부는 인공방사능 원소를 발견한 공로로 1935년에 노벨 화학상을 수상했다.

프랑스 과학의 재건을 위하여

파시즘이 유럽 전역에서 세력을 확장하는 가운데 프랑스에서는 파시즘에 반대하는 인민전선이 형성되어 1936년에 정권을 장악했다. 인민전선은 이렌에게 새 정부의 과학 연구를 관장하는 장관으로 취임해 달라고 요청했다. 그녀는 프랑스 과학을 발전시키기 위한 연구 자금을 조달하고 프랑스의 여권을 신장시킬 수 있는 기회라 생각하고 이를 기꺼이 받아들였다. 이렌은 프랑스 역사상 최초의 여성 장관이었는데도 투표에는 참여할 수 없었다. 프랑스 여성들은 1945년까지 참정권이 없었다. 또 프레데릭은 1943년에 프랑스 과학아카데미의 회원이 되었지만, 이렌은 몇 번이나 회원 가입을 신청했는데도 여자라는 이유로 매번 거부당했다.

이렌은 가장 사교적이지 못한 정치인이었다. 자기가 참석하고 싶지 않은 회의에는 '미안하다'는 식의 말도 전혀 하지 않았으며, 직설적으로 '참석하지 않겠다'고 잘라 말했다. 회의에 참석했다가도 회의가 초점을 잃은 듯하면 당장 서류를 챙겨 들고 자리를 떠났다. 회의 장소에 너무 일찍 도착해 문이 열려 있지 않으면 계단에 쪼그리고 앉아 일을 했다. 문지기가 "이봐요, 아줌마 저리 비켜요. 이제 곧 장관님들이 도착할 겁니다."라고 소리치면, 이렌은 "나도 그중 하나예요."라고 쏘아붙였다. 그녀의 장관 생활은 3개월로 끝났다.

1937년에 프레데릭과 이렌의 연구팀은 해체되었다. 프레데릭은 콜레주 드 프랑스(College de France)의 물리학 교수가 되었고, 이렌은 소르본 대학교 자연과학부 교수가 되었다.

1940년에 독일군이 프랑스를 점령하자 프레데릭은 저항 운동에 적극적으로 가담했고, 당시의 가장 적극적인 파시즘 반대 단체인 프랑스 공산당에 입당했다. 제2차 세계 대전이 끝나자 프레데릭은 프랑스의 영웅이 되었다. 그는 1944년에 프랑스 국립 과학연구센터의 소장으로서 프랑스 과학을 재편하는 일을 담당했고, 1945년부터는 프랑스 원자력위원회 위원장직을 맡았다. 프레데릭은 또한 1948년에 결성된 세계과학자연맹과 1950년에 발족한 세계평화회의의 초대 회장으로도 활동했다.

이렌은 1946~1951년에 프랑스 원자력위원회의 위원으로 활동했고 1947년에는 라듐 연구소 소장이 되었다. 다행히 어머니의 친구가 스트렙토마이신이라는 약을 보내 줘 폐결핵을 고쳤고, 1940년대 후반에는 그 어느 때보다도 왕성하게 활동할 수 있었다. 이렌의 활동에는 방사능 연구는 물론 원자탄 사용 금지, 피난민 보호, 여권 신장도 포함되어 있었다. 또 이렌은 파리 남부에 대대적인 핵물리 연구소를 설립하는 운동을 벌였고 이렌이 죽은 후 이곳이 라듐 연구소를 대신했다.

1956년 2월 어느 날 이렌은 혼자서 알프스 산맥에 스키를 타러 갔다. 그곳에 도착한 후 갑작스런 병에 걸려 파리로 돌아가 라듐 연구소 부속병원에 입원했다. 그리고 그녀는 그 병원에서 다시는 나오지 못했다. 이렌은 "나는 죽기가 두렵지 않아. 너무나 재미있는 삶을 살았기 때문에……."라는 유언을 남겼다. 그녀는 같은 해 3월 17일에 58세의 일기로 세상을 떠났다. 병명은 방사능 노출로 인한 백혈병이었다. 이렌이 죽은 지 2년 후에 프레데릭도 일찍이 그가 이름 붙였던 '우리들의 직업병'으로 세상을 떠났다. 이렌과 프레데릭의 장례식은 모두 프랑스 정부에 의해 거행되었다.

옥수수와 교감한 유전학자, 바바라 매클린톡

기계 수리를 좋아한 소녀

1983년 10월 10일, 바바라 매클린톡(Barbara McClintock, 1902~1992)은 라디오를 들으면서 자신이 노벨 생리의학상을 받았다는 사실을 알았다. 그녀는 미국의 여성 유전학자로서 당시 나이가 82살이나 되었다. 과학 전체로는 7번째 여성 수상자였고, 생리의학에서는 세 번째 여성 수상자였다. 무엇보다도 흥미로웠던 사실은 매클린톡이 35년 전에 제창한 점핑 유전자(jumping gene) 이론, 또는 트랜스포손(transposon) 이론이라는 조금 이단적인 이론에 노벨상이 주어졌다는 점이었다. 그녀의 점핑 유전자 이론은 1970년대에 이르기까지 유전학자들 사이에서 거의 전적으로 무시되어 왔기에 더욱 이례적이었다.

매클린톡은 다음과 같이 노벨상 수상 소감을 밝혔다. "나는 오늘 아침에 노벨상 위원회의 소식을 듣고 감격했다. 노벨상을 받는다는 것은 대단한 영예이기 때문이다. 그렇지만 나처럼 옥수수들에게 문제를 풀어 달라고 요청하고 그들의 답을 관찰하면서 이렇게 많은 즐거움을 누렸던 사람에게 상을 수여한다는 것은 공정하지 못한 것 같다."

매클린톡은 1902년에 미국 코네티컷 주의 하트포트에서 의사 집안의 셋째 딸로 태어났다. 아버지는 의사였지만 집안 사정이 그리 좋지 않았고, 어머니가 피아노 교습을 해서 생활비를 보태곤 했다. 사실 매클린톡의 부모는 딸 둘을 낳은 뒤 남자아이를 바라면서 아들 이름까지 미리 지어 두었다. 그런데 셋째도 딸이 태어나자 매클린톡의 부모는 약간 실망했다. 다행스럽게도 1년 반 뒤에는 막내아들이 태어났다.

어머니는 막내아들을 잘 돌보기 위해 매클린톡을 매사추세츠 주의 시골에 있는 이모 댁에 자주 보냈다. 그녀는 이모 집을 좋아했고 시골에 살면서 자연을 가까이할 수 있었다. 이모부가 자동차를 처음 사 가지고 오자 매클린톡은 자동차에 푹 빠졌다. 이모부가 자동차를 수리하는 모습을 보고 배우는 것이 즐거웠다. 그때부터 매클린톡은 평생 동안 자동차나 기계를 고치는 일을 좋아했다. 나중에 과학자가 된 뒤에도 현미경을 분해하고 조립하는 일은 예사였고, 80살이 넘은 나이에도 자동차 타이어를 직접 갈아 끼웠다.

매클린톡의 아버지는 자유주의자였다. 그는 남들이 뭐라 하든 개의치 않고 자식이 원하는 것을 들어주었다. 매클린톡은 다른 여자아이들이 집에서 얌전하게 인형 놀이를 할 때 기계 고치는 연장을 가지고 놀거나 밖에 나가 남자아이들과 운동을 했다. 그것을 본 동네 사람들이 흉을 볼 때에도 아버지는 매클린톡을 전혀 나무라지 않았다. 오히려 어린이용 연장 세트와 권투 장갑을 사다 주기까지 했다.

옥수수로 유전학을 연구하다

매클린톡은 1918년에 고등학교를 졸업했는데, 당시 아버지는 전쟁터에 나가 있었다. 매클린톡이 대학에 가겠다고 하자 어머니는 반대했다. 여자가 공부를 많이 하고 대학까지 나오면 시집가기 어렵다는 이유에서였다. 이런 어머니 때문에 두 언니도 모두 대학을 가지 않았다. 매클린톡은 직업소개소의 시험관으로 취직했고 저녁과 주말에는 공공도서관에서 열심히 공부했다. 1919년에 아버지가 돌아오자 매클린톡은 아버지에게 매달렸고 결국 코넬 대학교에 입학할 수 있었다. 훗날 자녀들이 다자란 뒤, 어머니도 코넬 대학교에서 미술과 작문을 공부했고 그제야 '다른 아이들도 대학에 보내는 건데.' 하고 후회했다.

매클린톡은 농과 대학에 입학했지만 생물학을 전공했다. 당시에는 여학생에게 농업 학사학위를 주지 않았다. 농업을 전공하려면 농부를 자주 만나야 하는데, 농부들이 여학생의 말을

실험실에서 연구 중인 매클린톡.

무시할 것이라고 생각했기 때문이었다. 공부 욕심이 많았던 매클린톡은 항상 많은 과목을 신청해서 수업을 들었다. 그렇다고 공부만 한 것은 아니었다. 1학년 때에는 여학생회 회장을 맡았고, 저녁 시간에는 재즈 연주단에서 활동했다.

1923년에 매클린톡은 대학원 과정에 진학하여 당시의 첨단 학문이었던 유전학을 전공했다. 미국에서는 콜롬비아 대학교와 코넬 대학교가 유전학 연구의 쌍두마차를 형성하고 있었다. 콜롬비아 대학교에서는 모건(Thomas H. Morgan) 교수를 중심으로 초파리에 대한 연구가, 코넬 대학교에서는 에머슨(Rollins A. Emerson) 교수를 중심으로 옥수수에 대한 연구가 이루어졌다.

대학원생 시절에 매클린톡은 옥수수 염색체를 관찰할 수 있도록 염색체에 색을 입히는 방법을 고안해 냈고, 그것을 바탕으로 옥수수 낟알 색깔을 결정하는 유전자가 염색체의 어느 부분에 있는지를 조사했다. 매클린톡은 1927년에 25살의 나이로 박사학위를 받았다.

박사학위를 받은 후에 매클린톡은 여자 대학의 교수가 되는 쉬운 길을 포기하는 대신에 코넬 대학교의 강사가 되었다. 강사는 수입도 적고 정식 취직도 아니기 때문에 불안한 자리였다. 그러나 코넬 대학교에 남아 있으면 에머슨 교수의 실험실에서 연구를 계속할 수 있었다. 에머슨의 실험실에는 매클린톡 이외에도 비들(George W. Beadle)과 로더스(Marcus Rhoades)를 포함한 젊은 연구자들이 있었다. 그들은 일명 '옥수수 그룹'으로 불리는데, 서로 도와 가면서 즐겁게 연구했고 평생 친한 친구로 지냈다. 그중에서 매클린톡은 유일한 여성이었다. 끝까지 정식 교수가 되지 못한 사람도 그녀밖에 없었다.

옥수수 연구의 절반은 농사를 짓는 것과 다르지 않았다. 연구에 사용할 옥수수를 직접 키워야 했기 때문이다. 매클린톡은 동료들과 함께 봄부터 밭에 나가서 옥수수 씨를 뿌리고 정성껏 가꾸었다. 옥수수 교배기는 7월인데, 보통은 바람에 꽃가루가 날려 다른 암술에 옮겨 간다. 그러나 연구에 쓸 특별한 열매를 얻기 위해서는 붓에 꽃가루를 묻혀 옮겨 주어야 한다. 꽃가루받이 한 번에 옥수수 낟알이 한 개밖에 생기지 않기 때문에, 연구에 사용할 만큼 넉넉한 옥수수를 얻으려면 꽃가루받

이를 수없이 해야 한다. 그리고 가을이 되면 옥수수를 거둬들인 뒤 본격적인 연구를 시작하는 것이다.

매클린톡은 옥수수 염색체를 하나하나 현미경으로 관찰했다. 일단 관찰을 시작하면 옆에서 큰 소리로 불러도 듣지 못할 정도로 집중했다. "나는 현미경으로 들여다볼 때 다른 것은 아무것도 생각하지 않고 온 신경을 집중해요. 그렇게 세포 속에 완전히 빠져들면 작은 것도 커 보이죠. 그러니까 다른 사람들이 미처 보지 못한 것들도 볼 수 있어요."

그녀는 코넬 대학교에 있는 동안에 옥수수 염색체에 관한 아홉 편의 논문을 발표했다. 그중에서 가장 유명한 것은 모건의 권유로 1931년 8월에 「미국 과학아카데미 회보」에 게재된 논문이다. 논문은 방대한 증거 자료를 통해 감수분열이 아닌 교차에 의해 유전자 재조합이 발생할 수 있다는 점을 밝혔다. 말랑말랑한 보라색 옥수수속을 말랑말랑하지 않고 색도 보라색이 아닌 옥수수속과 수정했더니, 말랑말랑하지 않은 보라색 옥수수속이 만들어졌다. 그 논문은 실험유전학의 기본적인 토대로 작용했으며, 그 자체로도 노벨상을 받을 가치가 있다고 평가되기도 했다.

결혼하면 교수를 그만두세요

1931년에 매클린톡은 국가연구위원회의 지원으로 칼텍(캘리포니아 공과대학)으로 자리를 옮겼다. 이로써 그녀는 미국의 남

53

자 대학에서 박사후 연구원이 된 첫 번째 여성으로 기록되었다. 매클린톡이 칼텍에 처음 간 날, 한 동료가 그녀를 데리고 교수클럽에 점심을 먹으러 갔다. 그녀가 식당의 빈 탁자로 걸어갈 때 모든 사람들이 식사를 잠시 중단하고 작은 체구에 실용적인 옷차림을 한 여성을 쳐다보았다. 이때 깜짝 놀란 매클린톡은 "내게 무슨 문제라도 있나요?"라고 물었다.

매클린톡의 특별연구원 생활은 계속되었다. 1933년에는 구겐하임 재단의 지원으로 독일에서 1년을 보냈고, 1934년에는 록펠러 재단의 지원을 받아 코넬 대학교에서 연구를 계속했다. 1936년에 매클린톡은 미주리 대학교의 조교수로 자리를 옮겼다. 칼텍 시절부터 함께 일해 왔던 스태들러(Lewis Stadler) 교수가 미주리 대학교를 유전학 연구의 중심지로 만들려고 매클린톡을 초청했던 것이다. 여기저기 돌아다니면서 연구를 하는 데지쳐 있던 매클린톡은 미주리 대학교에서 정착하겠다고 마음먹었다.

그러나 기대와 달리 매클린톡은 찬밥 신세였다. 한번은 그녀와 동명이인인 또 다른 매클린톡이라는 젊은 여성이 약혼했다는 기사가 지역 신문에 실렸다. 이를 보고 착각했던 미주리 대학교의 식물학과 주임교수는 매클린톡에게 "당신, 결혼하면 교수 그만둘 각오해!"라고 으박질렀다. 당시만 해도 여자가 결혼하면 대학교수를 그만두는 것이 보통이었다. 미주리 대학교의 보수적인 분위기에 적응하기 어려웠던 매클린톡은 대학 학장을 찾아가 "저는 이 학교에서 어떤 사람이지요?" 하고 따져 물었다. 학장의 대답은 "당신? 당신은 스태들러 교수만 없으면 당장 쫓겨날 사람이지."였다. 결국 매클린톡은 종신교수직을 받지 못하고 1940년에 미주리 대학교를 그만두고 말았다.

그렇다고 매클린톡이 연구를 포기한 것은 아니었다. 그녀는 수소문 끝에 미국 동부 해안에 있는 콜드 스프링 하버 연구소(Cold Spring Habour Laboratory)에서 옥수수를 길러도 좋다는 허락을 받았다. 때마침 에머슨 교수의 실험실에 같이 있었던 데머릭(Milislav Demerec)이 콜드 스프링 하버 연구소의 유전학 실장이 되었고, 그 덕에 매클린톡은 임시 연구원 자격을 얻었다. 데머릭의 주선으로 매클린톡은 카네기 재단의 지원도 받았고, 1942년에는 콜드 스프링 하버 연구소의 정식 연구원이 되었다. 비로소 매클린톡은 오랜 방황을 끝내고 안정된 자리를 잡은 것이다.

유기체와의 교감

콜드 스프링 하버 연구소는 자유롭고 멋진 곳이었다. 연구원들은 청바지 같은 편한 복장으로 연구에만 몰두했다. 아무도 다른 사람의 연구에 대해 이래라 저래라 간섭하지 않았다. 콜드 스프링 하버에서 매클린톡은 봄여름이면 옥수수를 기르고 다른 생물학자들을 만났다. 가을과 겨울에는 아예 실험실 건물의 차고를 수리한 방에서 먹고 자면서 옥수수 유전학에 대해 집중적으로 연구했다.

매클린톡은 점점 유명해졌다. 1944년에는 미국유전학회의 회장이 되었고, 미국과학아카데미 회원으로도 선출되었다. 미국유전학회 회장은 여성으로서는 처음이었고, 미국과학아카데미 회원은 여성으로서 세 번째였다. 당시에 매클린톡은 "앞으로 여성 과학자로서 더욱 잘해야 하는 책임을 졌으니, 함부로 연구를 그만둘 수도 없겠네요."라며 미소를 지었다.

매클린톡의 일생에서 가장 중요한 연구도 콜드 스프링 하버에서 이루어졌다. 에머슨 교수의 연구팀은 오랫동안 옥수수 낟알에 다른 색깔을 가진 낟알이 종종 나타난다는 잡색(variegation) 문제에 관심을 기울였다. 그것은 일종의 변이 현상으로 이해되었지만, 무엇이 왜 이런 변이를 일으키는지는 풀기 힘든 수수께끼로 남아 있었다. 매클린톡은 1940년대에 일련의 실험을 통해 옥수수의 잡색 현상과 옥수수의 염색체가 끊어져서 다른 쪽으로 이어지는 전좌(轉座, translocation) 현상이 서로 연관되어 있음을 알아냈다. 그 연관성을 규명하던 중 그녀는 염색체가 끊어지는 과정에서 그것을 통제하는 두 가지 서로 다른 유전자(그녀가 Ds 유전자와 Ac 유전자라고 불렀던 것)가 관련되어 있음을 발견했다. 더욱 놀라운 것은 이러한 두 유전자들이 그 과정에서 본래 있었던 위치에서 다른 염색체의 위치로 이동한다는 점이었다. 매클린톡은 이와 같이 자리를 바꾸는 유전자를 트랜스포슨 또는 점핑 유전자로 명명했고, 유기체가 환경에 적응하기 위해 유전자 변형을 일으키는 것이라고 해석했다.

매클린톡은 점핑 유전자에 대한 이론을 1948년과 1950년의 논문에서 주장했으며, 1951년에 개최되었던 미국유전학회의 특별 심포지엄에서 공개적으로 발표했다. 그러나 그녀의 논문은 너무나 어려워서 그것을 이해하는 사람은 거의 없었다. 그녀에 대한 전기를 쓴 과학사학자 켈러(Evelyn Fox Keller) 교수는 "그녀의 논문은 말로 표현할 수 있는 이성의 한계를 넘어선 것"이라고 말했다.

매클린톡의 연구가 신통한 반응을 얻지 못한 원인은 다른데서도 찾을 수 있다. 우선 그녀의 논문은 명쾌한 것과 거리가 멀었다. 그녀의 논문을 읽으려면 머리가 뻐근할 정도의 집중력이 필요했다. 더구나 점핑 유전자를 연구하던 어떤 젊은 학자가 지적한 것처럼, "그녀의 논문은 한 절이 끝날 때마다 산더미 같은 데이터가 붙어 다녔다."

켈러는 매클린톡의 연구법이 남성의 것과는 상당히 달랐다고 보았다. 매클린톡의 연구는 옥수수 하나하나가 모두 다르다는 사실에서 출발했다. 결국 자연은 인간이 상상하는 것보다 훨씬 복잡하기 때문에 과학자는 자연을 전부 이해할 수 있다는 오만을 접어야 하며, 관찰과 실험이 무엇을 보여 주고 있는지를 먼저 주목해야 한다는 것이 그녀의 철학이었다.

따라서 잡색 문제를 이해하는 데서도 옥수수라는 유기체를 실험실에서 뜯어보고 조작하는 방법 대신에 옥수수라는 '유기체와의 교감(feeling for the organism)'을 강조했다. 흔히 '여성'으로 대표되는 자연을 '남성'으로 상징되는 이성이 공격적으로 침투해 들어간다는 기존의 과학 방법론에 매클린톡이 잘 동화

하지 못하면서 스스로 새롭게 만들어 낸 방법론이었다. 매클린톡은 여성이었기 때문에 오랫동안 안정된 직장을 잡지 못하고 주변부에 머물면서 연구를 계속했다. 그리고 이러한 '주변성'은 그녀가 유기체들의 차이를 읽고 유기체와의 교감을 강조하는 나름대로의 방법론을 발전시키는 계기가 되었다.

실제로 매클린톡은 유전자의 기능에 대해 다른 유전학자들과 의견을 달리했다. 많은 유전학자들이 유전자가 유기체의 특성과 기능을 전적으로 결정한다고 믿었던 데 비해, 그녀는 유전자의 기능과 구조가 세포, 그리고 세포의 조합으로 이루어진 유기체와의 관계 속에서 결정된다고 믿었다. 즉, 유전자와 유기체와의 상호작용을 상정했다. 그러나 당시의 유전학자들은 유전자라는 입자가 염색체 속에 염주의 구슬처럼 순서대로 꿰어져 있다고 생각했다. 그리고 이와 같은 순서를 알아내는 유전자 지도 제작(gene mapping)을 유전학 연구의 가장 중요한 과제로 간주했다.

최후의 멘델인

매클린톡의 연구는 20년 정도가 지난 1960년대 말에 본격적인 주목을 받기 시작했다. 분자생물학이 발전하면서 다른 과학자들이 박테리아에서도 매클린톡이 주장한 이론이 옳다는 점을 밝혀냈던 것이다. 이어 1970년대 이후에는 다른 식물이나 동물에서도 점핑 유전자가 실제로 존재한다는 점이 확인되었다. 매클린톡의 업적은 1953년에 왓슨(James D. Watson)과 크릭(Francis Crick)이 발견한 DNA 이중나선 구조와 함께 '우리 시대 유전학의 2대 발견'으로 꼽힌다.

매클린톡의 연구가 널리 인정받기 시작하면서 그녀는 각종 연구기관이나 재단으로부터 다양한 상을 받았다. 어떤 때에는 한 주 동안에 무려 세 개나 되는 상과 상금을 받은 적도 있었다. 할머니가 되어서도 농담을 즐겼던 매클린톡은 "말년에 돈벼락 맞았네."라며 깔깔 웃었다. 물론 매클린톡이 받은 상 중에서 가장 값진 것은 1983년 노벨 생리의학상이었다. 그녀는 당시 노벨상 상금이 19만 달러가 된다는 것도 노벨상을 받을 때 처음 알았다.

노벨상을 받은 후에도 매클린톡의 일과는 크게 달라지지 않았다. 일찍 일어나서 에어로빅 체조를 한 다음 아침을 먹고 숲 속으로 걸어간다. 오전 7시가 되면 어김없이 도서실에 들어가 논문을 복사하고 최신 저널을 읽는다. 그곳에서 곧장 연구실로 가서 꼬박 16시간을 보내는데, 이따금 간이침대에서 낮잠을 잔다. 그녀의 유일한 안식처는 연구실에서 약 400미터 떨어진 옥수수 밭이었다. 그녀는 봄과 여름에 옥수수를 직접 심었고, 이곳을 가리켜 '사랑스런 작은 오아시스'라 불렀다. 매클린톡은 1992년에 90살의 나이로 평화롭게 눈을 감았다.

매클린톡을 가리켜 '최후의 멘델인'이라고 말하는 사람도 있다. 그녀는 멘델이 완두콩 시험장에서 오랜 세월을 보냈던 것처럼 반세기의 세월을 옥수수 시험장에서 보냈다. 과학 연구가 대규모 팀으로 수행되는 시대에도 거의 혼자서 고독하게 연구를 수행했다. 마치 수도승이었던 멘델과 비슷했다. 그녀는 또한 멘델과 마찬가지로 오랜 세월 자신의 연구 성과를 인정받을 수 없었다.

봄이 침묵하는 까닭은?, 레이첼 카슨

영문학에서 생물학으로

　과학의 발전이 우리의 삶을 더욱 편리하게 하는 것만은 아니다. 수많은 과학적 성과가 전쟁에서 사용되는가 하면 지구환경을 오염시키기는 원인으로 작용하기도 한다. 인류가 과학의 부정적인 측면을 심각하게 깨닫기 시작한 것은 매우 최근의 일이다. 전쟁이나 핵무기에 반대하는 운동이나 자연환경 보존을 촉구하는 운동은 제2차 세계 대전이 터진 후에 본격적으로 전개되기 시작했다. 특히 환경운동에서는 '환경운동의 어머니'라 불리는 레이첼 카슨(Rachel L. Carson, 1907~1964)의 활동이 중요한 역할을 담당했다.

환경운동의 어머니로 불리는 레이첼 카슨.

카슨은 1907년에 미국 펜실베이니아 주의 스프링데일에서 태어났다. 그녀의 아버지는 여러 사업에 손을 댔지만 별로 성공하지 못했다. 그녀의 어머니는 장로교 목사의 딸로서 고등교육을 받았고 결혼 전에 교사로도 활동했다. 어머니의 영향을 많이 받은 카슨은 어린 시절부터 음악과 독서를 좋아했으며, 다른 아이들에 비해 정신적으로 조숙했다. 무엇보다도 두 모녀는 자연 세계의 아름다움과 신비로움을 잘 알고 있었다. "나는 항상 자연 세계에 관심을 가졌어요. 나는 다소 경건한 아이였는데, 많은 시간을 숲과 냇물 가에서 보내면서 새, 곤충, 꽃을 배웠지요."

학창 시절을 우수한 성적으로 마친 카슨은 1925년에 장학금을 받아 펜실베이니아 여자대학에 진학했다. 글쓰기에 관심이 많았던 그녀는 영문학을 전공하는 것이 좋겠다고 판단했다. 그러나 3학년 때 그녀는 매혹적인 교수 스킨커(Mary S. Skinker)의 생물학 강의를 들으면서 전공을 바꾸었다. "나는 항상 글 쓰는 걸 좋아했어요. 그러나 글쓰기를 위해서는 부족한 상상력을 메워야 했지요." 그녀에게 생물학은 글쓰기에 풍부한 소재를 제공할 수 있었다.

카슨이 "대학 당국은 여성 과학 전공자가 없기를 바랐다."라고 회고할 정도로 당시 미국 사회는 과학과 여성이 어울리지 않는 것으로 생각했다. 그러나 그녀는 스킨커 교수의 도움에 힘입어 생물학 전공으로 대학을 당당히 졸업했고, 장학금을 받아 존스 홉킨스 대학교의 대학원 과정에 진학할 수 있었다. 거기서 그녀는 새로운 유전학 지식을 습득하면서 동물학 전공으로 1932년에 석사학위를 받았다. 학위를 준비하는 동안 우즈 홀의 해양생물학 연구소(Marine Biological Laboratory)에서 1년 남짓 일했는데, 거기서 이후 자신이 오랫동안 다룰 해양생물을 연구할 수 있었다.

바다 3부작 출간

그러나 학위 취득의 기쁨은 잠깐이었다. 1년 간격으로 아버지와 언니가 죽었고, 카슨과 어머니는 언니의 두 딸을 양육해야 했다. 경제 사정이 급격히 나빠지자 카슨은 직장을 수소문했다. 다행히도 그녀는 생물학자 허긴스(Elmer Huggins)의 도움으로 1936년에 워싱턴의 미국 어업국(Bureau of Fisheries)에 연구원으로 취직할 수 있었다. 그곳에는 여성 직원이 두 명 있었는데, 한 명은 사무원이었고 한 명은 카슨이었다. 카슨은 해양생물에 대한 라디오 프로그램의 원고를 작성하는 일을 맡았다. 그녀가 1937년에 작성한 해양생태에 관한 첫 번째 에세이인

'해저(Undersea)'는 「월간 아틀란틱(Atlantic Monthly)」에 실리는 영광을 누렸다. 그 글을 읽은 한 출판사 편집인이 카슨에게 그 것을 책으로 확장하여 발간할 것을 권유했고 그 결과 1941년 에 『해풍 아래서(Under the Sea-Wind)』가 출판되었다. 비평가들 의 찬사에도 불구하고 카슨의 첫 번째 책은 많이 팔리지 않았 다. 출판된 지 6년 동안 단지 1,600부만 팔렸다. 하지만 카슨 이 유명해진 이후에 다시 발간되어 베스트셀러가 되었다.

생물학자이자 문필가로서의 자질을 인정받은 카슨은 제2차 세계 대전 중에 어업국이 어류 및 야생생물청(Fish and Wildlife Service)으로 확대·개편되면서 홍보를 담당하는 직책에 보임되 었고 이후에는 편집장으로 승진했다. 그녀의 동료에 의하면 "카 슨은 정부 기관의 관료적인 절차와 편집 관행에 감각과 흥미를 불어넣는 기막힌 재주를 가지고 있었다." 전쟁 후에 그녀는 현 장 실사를 바탕으로 미국의 수렵 금지 지대에 대한 12권의 안 내 책자를 쓰고 편집했는데, 그것은 '정부 간행물의 새로운 표 준'으로 평가받았다.

가족들의 생계를 담당해야 했던 카슨은 퇴근 후의 시간과 휴가 기간에도 글을 써서 돈벌이를 해야 했다. 1951년에는 여 러 잡지에 연재한 글을 손질하여 두 번째 책인 『우리를 둘러 싼 바다(The Sea Around Us)』로 출간했다. 이 책은 첫 번째 책 과 달리 커다란 반향을 불러일으켰다. 무려 86주 동안이나 베 스트셀러 목록에 올랐고, 「뉴욕 타임스」가 선정하는 전국 도서 상을 수상하였으며, 나중에는 32개 언어로 번역되었다. 카슨은 유명인이 되었고 팬레터도 쏟아졌다.

그러나 그녀는 독창적인 작품을 내지 못하는 신세를 늘 한
탄했다. "나에게 이상적인 환경을 선택할 수 있는 기회가 주
어진다면 나는 서슴지 않고 전문 작가의 길을 택하겠다." 그러
던 카슨에게도 기회가 왔다. 구겐하임 재단으로부터 1년간 지
원금을 약속받았던 것이다. 그녀는 직장을 그만두고 메인 주
의 해변에 오두막집을 지어 집필에 몰두했다. 이때 나온 작품
이 1955년에 출판된 『바다의 가장자리(Edge of the Sea)』인데,
『우리를 둘러싼 바다』에서 소홀히 했던 바닷가 생물의 자연사
를 다루었다. 서문에서 그녀는 책의 목적이 "바다를 감상의 차
원이 아니라 삶의 차원에서 접근하는 데" 있으며, "생태학적 개
념이 책 전체를 지배할 것이다."라고 밝혔다. 항상 자연을 자신
의 생활 속에서 느끼고 연구해 온 카슨은 생태학을 매우 자연
스럽게 받아들였다. 그 책으로 카슨은 이전보다 훨씬 많은 상
을 받았고 '대중을 위한 과학자'라는 별명도 얻었다.

조카 한 명이 죽고 어머니의 노쇠 현상이 뚜렷해지자 카슨
은 1957년에 고향으로 돌아왔다. 고향에서 카슨은 나머지 한
명의 조카와 많은 시간을 보냈다. 그녀에 의하면 "그 시기는 어
린아이의 감각에 대해 깊이 체험하고 생각할 수 있는 좋은 기
회였다." 그녀는 어린 시절이 아니면 감수성과 상상력이 발달할
수 있는 기회가 제약된다는 점을 실감했다. 이때 그녀는 '당신
의 자녀가 놀라도록 도와주시오(Help Your Child to Wonder)'라
는 글을 썼는데, 그것은 카슨이 죽은 후에 『자연, 그 경이로움

에 대하여(The Sense of Wonder)』로 출간되었다.

살충제 남용을 고발하다

1957년을 계기로 카슨의 관심사도 서서히 바뀌었다. 그녀
는 해양 자연사에 관한 연구에서 방향을 바꾸어 살충제에 관
한 문제에 본격적인 관심을 가지기 시작했다. 그녀는 어류 및
야생생물청에서 근무하는 동안 이미 해양 어류에 잔존해 있
는 DDT에 관한 글을 읽고 살충제의 오염을 염려한 바 있었다.
1945년 7월에 그녀는 「리더스 다이제스트」에 DDT 같은 살충
제를 남용할 때 생길 수 있는 위험성에 대한 글을 쓰려고 시도
했다. 그러나 그녀의 제안은 잡지사에 의해 보기 좋게 거절당했
다. DDT를 생산하거나 판매하는 기업들이 DDT 사용에 반대
하는 사람들의 활동을 막았던 것이다.

1950년대 말 미국에서는 살충제의 공중 살포와 관련된
몇몇 사건이 발생했다. 1957년과 1958년에 미국 농무부는
1920년대 이후 남부 미국에서 서식하던 남아메리카 불개미를
없애기 위하여 살충제를 쓰려고 했다. 불개미는 인간에게 그다
지 큰 피해도 주지 않고, 경제적 활동을 방해한 것도 아니었
다. 하지만 미국 농무부는 DDT보다 독성이 40배나 강한 디엘
드린을 무차별적으로 살포했다. 몇몇 생물학자들은 살충제가
살포된 지역에서 몸집이 큰 야생동물들이 피해를 입었다고 보
고했다. 농무부는 이러한 의견을 받아들이지 않았지만, 환경보

호론자들은 살충제 살포 계획을 당장 그만두라고 강력하게 요구했다.

또한, 1957년 여름에 매사추세츠 주정부는 '모기 통제 프로그램'을 내걸고 북부 해안 지역의 모기를 죽이기 위하여 DDT를 대량으로 뿌렸다. 이 살충제는 바람을 타고 인근 마을로 퍼져 나갔다. 유감스럽게도 모기는 박멸되지 않았고, 오히려 새, 방아깨비, 벌 같은 동물들이 마구 죽어 나갔다. 이에 카슨의 오랜 친구이자 조류학자였던 허킨스(Olga O. Huckins)는 주정부에 항의했다. 그러나 주정부 당국은 DDT가 인간에게 살포해도 피해가 없을 정도로 아주 안전하다고 주장했다. 이러한 주장을 믿을 수 없었던 허킨스는 자신이 조사한 내용을 바탕으로 편지를 작성해 1958년에 「헤럴드」라는 잡지에 보냈다.

허킨스는 1958년 1월에 그 편지를 카슨에게 보여 주었다. 이전부터 살충제 남용 문제에 많은 관심을 기울여 왔던 카슨은 친구의 편지를 받고 "그동안 방치해 두었던 일을 본격적으로 시작해야겠다."라고 결심했다. 카슨은 '자연 속에는 어떠한 것도 홀로 존재하지 못한다'는 굳은 신념을 다졌고, '내가 침묵한다면 나는 어떤 평화도 누릴 수 없을 것'이라고 생각했다. 그녀는 해양생물에 대한 다른 책을 집필할 계획을 세웠지만 그것을 미련 없이 포기했다. 카슨은 책을 쓰기 전에 4년 동안 미국 전지역을 돌아다니며 자료를 수집하고 피해자와 과학자의 의견을 수집했다.

카슨의 연구 결과는 1962년 9월 27일에 『침묵의 봄(Silent

Spring)』이라는 책으로 발간되었다. 이 책의 요약본은 책이 출판되기 전인 6월 16일에 「뉴요커(New Yorker)」에 연재되었다. 기사가 나오자마자 시민들과 몇몇 과학자들은 카슨의 글을 열렬히 환호했다. 케네디(John F. Kennedy) 대통령도 카슨의 용감한 행동에 관심을 보였다. 같은 해 7월에 그는 자신의 과학 자문이었던 와이즈너(Jerome Weisner)에게 살충제 사용 실태를 조사하기 위하여 대통령 과학자문위원회에 특별 팀을 구성하도록 지시했다. 곧이어 케네디는 8월 29일에 있었던 기자 회견에서 카슨이 지적한 문제점을 좀 더 철저히 조사할 것을 다짐했다. 카슨의 경고에 대한 대통령의 관심은 카슨의 책에 더욱 큰 영향력을 실어 주었다.

그러나 카슨이 살충제의 좋지 않은 측면만 과도하게 부각시켰다는 비판도 잇따랐다. 농무부 관료들은 카슨의 공격에 분개했으며, 농무부 장관을 지냈던 어떤 사람은 카슨이 아마 공산주의자일 것이라고까지 말했다. 살충제를 생산하는 기업체들도 카슨의 주장이 아직 검증되지 않은 편파적인 의견이라고 맹렬히 비난했다. 급기야 8월 초에 살충제 제조 회사 벨시콜(Velsicol)은 만약 카슨의 책을 출판할 경우 명예훼손으로 고소하겠다는 내용의 편지를 출판사로 보냈다. 몇몇 과학자들은 석사학위밖에 없는 카슨이 자신들도 아직 완전히 합의하지 못한 내용을 일반인을 상대로 선전하는 것을 못마땅하게 여겼다. 이러한 논란 때문에 「뉴욕 타임스」의 머리기사처럼 "이제 침묵의 봄은 시끄러운 여름이 되었다."

「침묵의 봄」과 그 영향

『침묵의 봄』은 이전의 책에 비해 고발 성격이 짙다. 카슨은 이 책에서 "만약 우리가 현재의 문제를 정확하게 알고 느끼지 못한다면 미래의 지구에 어떤 사태가 닥쳐올지 모른다."라고 경고했다. 탁월한 저술가답게 카슨은 자신의 책을 흥미로운 이야기로 시작한다.

옛날 한때 미국의 어느 산간 지방에 생명력을 지닌 모든 사물들이 주변 환경과 조화를 잘 이루며 살아가는 마을이 있었다. …… 그런데 웬일인지 원인을 알 수 없는 불길한 그림자가 이 마을을 덮으면서 모든 것이 변하기 시작했다. …… 이 마을은 어떤 나쁜 마술에 걸린 것 같았다. 병아리 떼가 원인 모를 병에 걸렸고, 소나 양들이 죽어 갔다. 사방이 죽음의 장막으로 덮였다. …… 그리하여 자연은 소름이 끼칠 정도로 이상하리만큼 조용해졌다. 그처럼 즐겁게 재잘거리며 날던 새들은 다 어디로 갔는가? …… 봄은 왔는데 침묵만이 감돌았다. …… 이처럼 참혹하게 찌들어진 세계, 새로운 생명이 탄생하는 소리를 들을 수 없게 된 침묵의 세계는 어떤 마술의 장난도 아니고 적의 침입 때문도 아니며 바로 인간들 자신이 그렇게 만든 것이다. …… 미국이 수없이 넓은 땅에서 살아 움직이는 봄의 소리를 침묵시킨 것은 무엇일까? 그 이유를 파헤쳐 설명하는 것이 이 책의 목적이다.

『침묵의 봄』은 카슨의 고발정신, 과학적 지식, 문학적 재주가 한데 어우러진 작품이다. 그녀는 그 책에서 느릅나무에게 피해를 주는 해충을 잡으려고 뿌려진 DDT가 먹이사슬을 통해 어떻게 종달새 소리를 들을 수 없는 침묵의 봄을 가져왔는지 생생하게 묘사했다. 느릅나무에 뿌려진 DDT는 여러 곤충과 거미를 죽였다. 그 과정에서 DDT는 나뭇잎에 붙었고 가을에 떨어진 썩은 이파리를 지렁이가 먹었다. 그중에서 살아남은 지렁이는 겨울을 넘기고 봄에 날아온 종달새에게 먹혔다. 그 결과 DDT가 뿌려진 후 2년 만에 어떤 지역에서는 400마리에 달했던 종달새가 20마리로 줄어들었다. 이처럼 오염 물질은 생태계의 먹이사슬을 따라 생산자, 1차 소비자, 2차 소비자, 최종 소비자 순으로 이동한다. DDT를 비롯한 몇몇 오염 물질은 분해되거나 배설되지 않기 때문에 최종 소비자로 갈수록 축적된 오염 물질의 농도가 더욱 높아져 심한 경우에는 생명을 잃기도 하는 것이다.

『침묵의 봄』이 출판되자마자 미국 전역은 떠들썩해졌다. 1962년 가을에 이 책은 60만 부가 팔리면서 베스트셀러 1위에 올랐다. 정부의 살충제 살포 계획에 대한 항의 편지가 쇄도했고 많은 사람들이 환경단체에 회원으로 가입했다. 1962년 말에는 컬럼비아 방송사(CBS)가 돌아오는 봄에 카슨의 책에 대한 특별 프로그램을 방영할 것이라고 발표했다. 그러자 그 계획을 철회하도록 협박하는 정체불명의 편지가 CBS로 날아드는가 하면, 마지막 순간에는 몇몇 후원 기업이 빠져나가기도 했다. 우여곡절 끝에 1963년 4월 3일 CBS의 황금시간 대에 특별 프로그램인 〈레이첼 카슨의 침묵의 봄〉이 방영되었다.

방송이 나간 다음 날에 어떤 상원의원은 연방 정부의 살충제 통제 계획에 관한 의회 조사를 시작하겠다고 발표했다. 또 1963년 5월 15일에는 사람들이 오랫동안 기다려 왔던 대통령 과학자문위원회의 보고서가 발표되었다. 그 보고서는 살충제 사용의 문제점을 심하게 지적하지 않았고, 과학적 판단에 있어서도 상당히 조심스러워했다. 그러나 전체적으로 보아 보고서는 분명히 카슨의 견해를 옹호하고 있었다. 그날 발행된 신문 기사는 카슨의 입장이 과학자문위원회의 보고서에 의해서도 옹호되었다고 보도했다.

CBS의 특별 프로그램이 방영되고 과학자문위원회의 보고서가 발표되면서 살충제의 위험성에 관한 논쟁은 서서히 카슨 쪽으로 유리하게 기울기 시작했다. 이전에 카슨의 책을 '부정확하고 감정적인 의견에 지나지 않는 것'으로 평가했던 잡지들도 입장을 바꾸었다. 카슨의 입장이 받아들여지면서 그녀는 전 세계 학술, 문예, 과학 단체로부터 수많은 상과 훈장을 받았다. 더 나아가 1964년에 미국 의회는 야생보호법을 제정하여 무절제한 개발로부터 자연을 보호하는 정책을 펴 나가기 시작했다. 그때 카슨은 연방의회 청문회에 초청되어 야생보호법을 즉시 제정할 것과 더욱 종합적인 환경정책을 펴 나갈 것을 요구했다.

그러나 청문회에 출석할 때 카슨의 건강은 이미 많이 악화되어 있었다. 그녀는 "『침묵의 봄』의 마지막 장을 쓸 때부터 기력이 약해지는 것"을 느꼈으며 "기회가 나면 옛날에 살던 해변의 오두막집으로 돌아가고 싶다."라고 말하곤 했다. 관절염으로 다리를 절기 시작하더니 유방암까지 겹쳤고, 급기야 휠체어에 몸을 의지해야 했다. 그녀는 1964년 4월 14일에 고향에서 57세로 삶을 마감했다. 1980년에 미국 정부는 카슨에게 민간인으로서는 가장 영예로운 상인 자유훈장을 수여했다.

『침묵의 봄』은 환경정책과 환경운동을 태동시킨 기폭제 역할을 담당했다. 1969년에는 환경정책법이 미국 의회를 통과했고, 살충제, 제초제, 살균제 등이 물고기와 야생동물에게 미치는 영향을 지속적으로 조사할 수 있는 제도적 장치가 갖추어졌다. 1970년 4월 22일에는 미국에서 2천만 명이 참여한 가운데 제1회 지구의 날 행사가 개최되었으며, 같은 해에는 환경문제를 전담하는 연방기구인 환경보호청이 설립되었다. 1972년에는 스톡홀름에서 제1회 유엔 환경회의가 소집되었고, 로마클럽은 「성장의 한계(The Limits to Growth)」라는 보고서를 제출했다.

카슨에게는 과학자와 집필가라는 두 분야를 하나로 결합시킨 사람이라는 평가가 가장 잘 어울린다. 그녀는 수많은 글을 통해 과학이 인간의 일상생활과 분리된 특수한 분야라는 생각을 바꾸어 놓았다. 그녀는 다음과 같이 말했다.

"과학의 목적은 문학의 목적과 마찬가지로 진리를 발견하고 보급하는 데 있다. …… 나의 책에 아름다운 부분이 있다면 그것은 내가 일부러 집어넣은 것이 아니라 지금까지 아무도 자연 세계를 진실하게 표현하지 못했기 때문이다."

결정학의 어머니, 도로시 호지킨

화학에 대한 호기심

"할머니, 노벨상을 움켜쥐다." 1964년 10월 29일, 영국 신문
「데일리 메일」에 실린 대문짝만 한 기사의 제목이다. 도로시 호
지킨(Dorothy Hodgkin, 1910~1994)이 X선을 사용하여 생물학적
으로 중요한 분자의 구조를 밝혀낸 공로로 노벨 화학상을 수
상했던 것이다. 그녀는 분자 구조에 대한 분석을 통해 생물학
적 기능을 설명하는 방법을 체계화한 사람으로서 결정학을 과
학 연구에 필수적인 도구로 전환시켰다. 또 그녀는 노인이 되어
서도 빈곤을 퇴치하고 세계 평화를 유지하는 데 많은 힘을 쏟
았다. 그녀에게는 줄곧 '마음씨 고운 천재'라는 평가가 따라다

넜다.

도로시는 1910년에 당시 영국의 식민지였던 이집트의 카이로에서 태어났다. 그녀의 아버지는 교육부 관리이자 훌륭한 고고학자로서 영국 정부를 위해 이집트 학교와 유적을 감시하는 일을 맡았다. 도로시는 어린 시절에 부모를 따라 아프리카 곳곳을 돌아다녔다.

그러나 1914년에 제1차 세계 대전이 터지면서 도로시의 행복한 시절은 산산조각이 나고 말았다. 아버지는 터키가 영국 식민지를 공격한 것 때문에 중동으로 파견되었고, 어머니도 얼마 뒤에 중동으로 떠났다. 도로시와 여동생은 유모와 함께 영국에 남았다. 비슷한 경험을 한 대부분의 사람들이 의기소침한 성격을 가지기 쉬운데 도로시는 오히려 독립심이 강해졌다.

도로시는 13살 때 아프리카 수단에 가서 부모와 함께 지냈다. 도로시의 부모는 그들의 절친한 친구이자 화학자인 조셉(A. F. Joseph) 박사를 소개해 주었다. 한번은 도로시가 어떤 광석을 들고 조셉을 찾아가 "아저씨, 이 광석이 무엇인지 분석해 볼 수 있을까요?" 하고 물었다. 도로시는 조셉의 도움으로 그것이 철과 티타늄이 섞여 이루어진 티탄철광이라는 것을 알아냈다. 조셉은 이를 신통히 여겨 도로시에게 광석이 잔뜩 들어 있는 상자와 분석화학에 관한 책을 주었다. 영국으로 돌아온 도로시는 다락방에다 조그만 실험실을 차렸다.

도로시는 1928년에 옥스퍼드 대학교의 화학과에 진학했다. 대학 2학년 때 어떤 교수는 도로시의 화학적 재능을 발견하고

서는 실험실 열쇠를 빌려 주었다. 도로시는 그 실험실에서 화학에 관해 많은 것을 배웠지만 여전히 풀리지 않은 의문이 남아 있었다. 화학자들은 물질적 세계를 설명하기 위하여 굉장히 많은 이론과 개념을 제안해 왔다. 그 모든 것들이 과연 정확할까? 지금까지의 연구 결과를 눈으로 볼 수 있으면 더욱 좋지 않을까?

도로시는 분자를 눈으로 보고 싶다는 열망에서 새로운 학문 분야인 X선 결정학을 전공하기로 결심했다. 대학에서 X선 결정학의 기본 개념을 터득했고, 여러 가지 결정에 관한 실험을 해 보았다.

버널의 책상을 청소하는 여자

도로시는 1932년에 대학을 졸업했지만 직장을 구할 수 없었다. 그때 구세주 역할을 한 사람은 어릴 때 친구였던 조셉 아저씨였다. 조셉은 도로시에게 케임브리지 대학교의 화학과 교수를 소개시켜 주었고 그 교수는 다시 버널(John D. Bernal) 밑에서 공부하도록 주선해 주었다. 버널은 1923~1927년에 윌리엄 브래그(William H. Bragg, 1915년 노벨 물리학상 수상자)와 X선에 관해 연구했으며, 그 후 X선을 이용하여 단백질을 비롯한 생물학적 결정을 연구하고 있었다. 특히 버널은 남녀의 평등권을 굳게 믿는 사람으로서 많은 여성 과학자들을 채용했는데, 그의 실험실에 속한 연구생 6명 중 2명이 여성이었다. 이후 버널은

결정학의 어머니로 불리는 도로시 호지킨

과학의 역사, 과학의 사회
적 기능, 과학자의 사회적
책임 등과 관련된 수많은
저술 및 사회 활동을 적극
적으로 벌인 바 있다.

도로시는 1933년부터
버널의 지도로 박사과정을
밟았다. 버널의 실험실에는
친구나 동료가 연구해 보
라고 보내온 결정들이 널
려 있었다. 그래서 도로시
는 비타민 B1, 비타민 D, 성 호르몬 등에 대한 X선 실험을 누
구보다도 먼저 할 수 있는 좋은 기회를 얻었다. 그녀가 얼마나
실험을 열심히 했던지 '버널의 책상을 청소하는 여자'로 유명해
지기도 했다.

1934년 겨울에는 매우 중요한 사건 두 개가 한꺼번에 일어
났다. 하나는 비극적인 것이고 다른 하나는 희망에 찬 것이었
다. 도로시는 두 손의 관절에 염증이 생겨 몹시 아팠다. 의사는
극심한 류머티즘성 관절염이라는 진단을 내렸다. 당시에는 뾰
족한 치료법이 없어서 두 손은 차차 불구가 되어 가고 있었다.
그런데도 도로시는 고통을 참아 냈고, 다른 사람에게 아픔을
호소하는 일이 별로 없었다.

도로시가 류머티즘성 관절염에 걸렸다는 사실을 알게 된 바

로 그날에 버널 교수팀은 처음으로 단백질 결정의 사진을 찍는데 성공했다. 한 친구가 위장에서 소화를 돕는 효소인 펩신 단백질을 가져와 그 사진을 찍었는데, 거기서 나타난 반점들이 규칙적으로 배열되어 있었던 것이다. 그것은 단백질도 결정으로 만들 수 있고 그것을 구성하는 원자들의 배열도 눈으로 볼 수 있다는 사실을 의미했다.

1935년에 도로시는 모교인 옥스퍼드 대학교에서 화학을 가르쳐 달라는 제의를 받고 옥스퍼드로 돌아갔다. 옥스퍼드에서 보낸 초기 생활은 매우 외로웠다. 그녀의 제자 중 한 사람은 훗날 "제2차 세계 대전의 옥스퍼드는 남성들의 요새였으며 과학 교수들은 더했죠."라고 회고했다. 도로시가 섭섭하게 생각한 가장 큰 차별 대우는 '옥스퍼드 화학 클럽'이었다. 옥스퍼드 대학교 내의 화학자들이 모두 가입한 클럽이 그녀가 여자라는 이유로 가입을 허용하지 않았던 것이다. 게다가 도로시는 화학계의 최신 연구 결과를 토의하기 위한 비공식적인 회의에도 참석할 수 없었다.

도로시는 옥스퍼드에서 특정한 결정체를 집중적으로 연구하기로 마음먹고 콜레스테롤을 연구 대상으로 선택했다. 콜레스테롤에 관한 화학식은 이미 규명되어 있었지만 그 분자 속에서 원자들이 어떻게 삼차원적으로 배열되어 있는지는 알려져 있지 않았다. 그녀는 계산기를 구입하여 복잡한 수학적 계산을 차근차근 풀었지만 필요한 정보의 반밖에 얻지 못했다. 그래서 비슷한 결정을 하나 만들어 지금까지 쓰던 결정과 비교해 보는 방법으로 나머지 정보를 얻어 낼 수 있었다. 드디어 1936년 가을에 그녀는 콜레스테롤의 3차원적 구조를 발견하는 데 성공했다. 처음으로 콜레스테롤의 X선 사진을 얻은 날에는 흥분된 감정을 삭이지 못하고 하루 종일 거리를 쏘다녔다.

페니실린과 비타민 B12의 구조 해명

1937년은 도로시에게 한 가지 일이 마무리되는 해이자 새로운 인생이 시작되는 해였다. 1937년에 박사학위도 받고 결혼도 했던 것이다. 그녀의 남편은 그녀와 사회주의적 이상을 공유하던 역사학자 토머스 호지킨(Thomas L. Hodgkin)이었다. 도로시와 토머스는 세 자녀를 낳았다. 한 가지 흥미로운 사실은 도로시가 아이를 임신하면서 류머티즘성 관절염이 극적으로 치료되었다는 점이다. 여자가 임신을 하면 코티존 호르몬이 많이 분비되어 류머티즘성 관절염으로 생기는 염증을 줄인다.

제2차 세계 대전이 발발하자 의약품이 많이 필요해졌고 플레밍(Alexander Fleming)이 발견했던 페니실린이 과학자들의 주목을 받았다. 1945년에 플레밍이 노벨 생리의학상을 받은 후부터 많은 과학자들은 페니실린의 화학적 조성을 알아내고자 많은 노력을 기울이고 있었다. 그들 앞에서 X선 분석이란 유력한 무기를 들고 나온 도로시 호지킨이라는 젊은 여인은 많은 과학자들을 깜짝 놀라게 했다. 호지킨은 페니실린이 탄소 원자 세 개와 질소 원자 한 개가 결합한 원 구조로 되었다고 주장했다.

처음에 화학자들은 그녀의 주장이 터무니없는 소리라는 반응을 보였다. 그들은 호지킨이 제안한 구조는 너무 불안정해서 자연계에 존재하기 힘들 것이라고 생각했다. 콘포드(John W. Cornforth, 1975년 노벨 화학상 수상자) 같은 화학자는 버럭 화를 내면서 "만약 페니실린 구조가 그런 것이라면 나는 화학을 때려치우고 버섯이나 키우겠다!"라고 큰소리쳤을 정도였다. 그러나 호지킨이 주장한 구조는 올바른 것으로 판명되었다. 이에 따라 화학적으로 변형된 페니실린을 합성할 수 있는 길이 열렸고 이것이 많은 생명을 구했다.

호지킨은 1947년에 영국 왕립학회의 회원으로 선출되었고, 1948년에는 옥스퍼드 대학교에 정식으로 자리 잡았다. 그러나 남성 중심적인 옥스퍼드 대학교가 그녀를 교수로 임명한 것은 아니었다. 당시 도로시의 직책은 화학 강사 겸 실험 담당 특별 연구원이었다. 그녀는 1960년이 되어서야 옥스퍼드 대학교의 종신 교수직에 임명되는데, 그것도 옥스퍼드 대학교 당국이 아닌 왕립학회가 만들어 준 자리였다.

호지킨은 옥스퍼드 대학교에 자리를 잡으면서 악성 빈혈 치료에 탁월한 효과가 있는 것으로 알려진 비타민 B12를 다루었다. 비타민 B12는 1948년에 간 조직의 추출물로부터 분리할 수 있었지만, 그 구조는 여전히 베일에 가려 있었다. 다만 X선 회절을 이용한 사진을 통해 비타민 분자가 천 개가 넘는 원자를 가지고 있다는 사실만 확인할 수 있었다. 이에 비하면 페니실린은 고작 39개의 원자를 가지고 있었다.

1948년에 글락소(Glaxo)라는 제약 회사의 스미스(Lester Smith) 박사는 자기가 막 만든 짙은 붉은색 결정을 호지킨에게 건네주었다. 그때부터 호지킨의 연구진은 비타민 B12에 관한 자료를 수집하고 결정을 키우기 시작했다. 1953년에는 미국의 트루블러드(Kenneth Trueblood) 교수가 호지킨의 실험실을 방문하여 결정학 계산에 필요한 고속 컴퓨터를 사용할 수 있도록 배려해 주었다. 호지킨이 자료를 우송하면 트루블러드는 컴퓨터를 돌려 계산한 결과를 보냈다. 8년간의 기나긴 실험 끝에 비타민 B12 구조는 해명되었다.

비타민 B12의 구조는 전례가 없을 정도로 새로웠다. 중심에 코발트 원자가 있고 그 주위를 탄소와 질소 원자의 고리가 둘러싼 형태였는데, 코발트와 탄소가 이루는 결합은 이전에 알고 있던 화학 결합과는 전혀 달랐다. 결국 이 새로운 결합이 비타민이 생리적으로 활성화되는 비밀을 푸는 열쇠로 작용했다. 1964년 노벨 화학상도 호지킨이 몇몇 중요한 분자 구조를 규명했다는 것보다 화학의 영역 자체를 확장했다는 점에 많은 가치를 두었다.

세계 평화를 위하여

많은 사람들은 노벨상을 타면 일을 그만두고 은퇴한다. 그러나 호지킨은 인슐린 구조를 풀기 위해 연구를 거듭했다. 결국 호지킨의 연구진은 X선 사진 위의 반점 7만 개를 분석하여 1969년에 인슐린의 입체 구조를 완전히 해명했다. 그녀는 논문을 발표할 때 제자의 이름을 먼저 넣었고 강연도 제자에게 양보하는 여유를 보여 주었다.

호지킨은 1970년에 브리스틀 대학교의 총장이 된 후 20년 동안 그 자리를 지켰다. 그녀는 학생회관을 찾아 학생회 간부들과 점심 먹는 것을 즐긴 첫 번째 대학 총장이었다. 뿐만 아니라 대학에 제3세계 학생들을 위한 기숙사를 만들었고 아프리카 지역을 전공하는 학생들을 위한 장학금도 만들었다. 그녀는 1972~1978년에는 세계결정학연맹 회장으로 일했으며, 1977~1978년에는 영국과학진흥협회 회장을 역임했다.

호지킨은 세계 평화를 위한 캠페인에도 깊숙이 관여했다. 민족해방운동의 열렬한 지지자였고, 어디에 가든지 제3세계를 개발할 필요성을 역설했다. 1976년에는 퍼그워시(Pugwash) 회의의 의장을 지내면서 군비를 축소하고 세계적 분쟁을 평화적으로 해결하는 데 노력을 기울였다. 회의가 열리면 줄곧 뜨거운 논쟁이 오가곤 했는데, 그녀는 점잖고 사려 깊은 말솜씨로 이를 가라앉혔다. 이처럼 호지킨은 자신의 전문 분야인 X선 결정학은 물론 과학 진흥, 과학자 교류, 빈곤 퇴치, 세계 평화 등 다양한 일을 훌륭하고 현명하게 소화했다.

호지킨은 1981년에 어떤 잡지에 쓴 기고문에서 국제 문제에 대한 자신의 철학을 개진했다. "어떻게 하면 무기를 폐기하고 평화로운 세계를 건설하느냐 하는 문제야말로 우리의 최우선 과제이다. 과거 20년 동안에 일어난 전란은 세계에서 가장 가난한 나라에서 일어났다. …… 만약 무력을 강화하기 위하여 1분에 수억 달러나 낭비되는 돈의 일부만이라도 빈곤을 퇴치하는 데 쓸 수 있다면 많은 전쟁 원인은 사라질 것이다.”

호지킨은 주변의 누구에게도 소홀히 대하는 법이 없었다. 그녀의 집은 손님, 망명객, 학생과 친구들로 들끓었고 당연히 선생님, 어머니, 친구, 혹은 지도자의 역할을 마다하지 않았다. 「런던 타임스」는 호지킨을 ‘영국에서 가장 현명한 여자’라고 평가했다. 1994년에 그녀는 갑작스런 뇌일혈로 세상을 떠났다. 그녀의 동료인 페루츠(Max Perutz, 1962년 노벨 화학상 수상자)는 다음과 같은 말을 남겼다.

“도로시 호지킨은 위대한 화학자, 민중을 따스하고 깊게 사랑한 여인, 그리고 평화를 지키고 확산하기 위해 헌신한 성자로 오래도록 많은 이들의 가슴에 남아 있을 것이다.”

DNA의 다크 레이디, 로잘린드 프랭클린

여학생들도 과학을 알아야 한다

DNA 구조의 해명은 20세기 생물학에서 가장 중요한 업적으로 꼽힌다. DNA가 이중나선형 구조를 가진다는 사실이 밝혀짐으로써 우리는 DNA가 어떤 방식을 통해 복제되고 후손에게 전달되는지 알 수 있었다. 왓슨(James D. Watson)과 크릭(Francis Crick), 그리고 윌킨스(Maurice Wilkins)는 DNA의 구조를 밝힌 공로로 1962년 노벨 생리의학상을 받았다. 윌킨스가 수상자에 포함된 이유는 그의 연구팀이 얻어 낸 X선 회절 사진 자료들이 DNA의 구조 규명에 결정적으로 기여했기 때문이었다.

DNA 구조 발견의 숨은 공로자,
로잘린드 프랭클린.

그러나 사실상 DNA 결정의 X선 회절 실험에서 윌킨스보다 훨씬 더 중요한 역할을 한 사람은 로잘린드 프랭클린(Rosalind E. Franklin, 1920~1958)이라는 여성 화학자였다. 불행히도 그녀는 1958년에 37세의 젊은 나이로 세상을 떠났기 때문에 노벨상 수상의 영광을 누리지 못했다. 이런 연유로 프랭클린은 DNA의 다크 레이디(dark lady)로 불린다. 만약 프랭클린이 살아 있었다 하더라도 공동 수상자가 세 명으로 제한되어 있는 관례 때문에 그녀에게 노벨상이 수여되었을 것이라고 장담하기는 어렵다.

프랭클린은 1920년에 영국 런던의 유대인 집안에서 태어났다. 아버지는 근로자 대학(Working Men's College)의 선생으로 일했다. 그녀의 부모는 평등과 봉사를 신념으로 삼았다. 그들은 프랭클린을 그녀의 남자 형제들과 똑같이 대했고, 심지어 그녀에게 남자아이들의 장난감을 주어 놀게끔 했다. 그들은 나치 독일로부터 피난 온 유대인 수용소에서 자원봉사자로 활동하기도 했다. 프랭클린도 자원봉사활동에 참여해 어릴 적부터 결단과 헌신의 중요성을 몸에 익혔다.

프랭클린은 런던 시내에 있는 세인트 폴 여학교(St Paul's Girls' School)를 다녔다. 그녀는 학교에서 배우는 과목 중에서 물리와 화학을 좋아했다. 다른 학교에서는 여학생이 딱딱한 과학을 공부하면 정서가 메마른다고 해서 과학을 제대로 가르치지 않았다. 그러나 세인트 폴 여학교는 과학이 매우 중요하기 때문에 여학생들도 알아야 한다고 생각했다. 그곳에서 이루어진 과학 수업 수준은 웬만한 대학과 맞먹을 정도였다고 한다.

1938년에 프랭클린은 케임브리지 대학교에 입학했다. 케임브리지 대학교에는 여러 단과대학이 있었는데, 뉴턴이 다녔던 트리니티 칼리지가 수학과 과학으로 유명했다. 그러나 트리니티 칼리지는 여학생을 받지 않았기 때문에 프랭클린은 거튼 칼리지에 입학했다. 거튼 칼리지에서는 여학생이 남학생과 똑같이 공부할 수 있었기 때문에 과학을 공부하는 데에는 별 지장이 없었다. 그러나 당시 제2차 세계 대전이 시작되면서 많은 교수들이 전쟁과 관련된 연구에 차출되었기 때문에 나머지 교수 몇 명이 많은 학생들을 가르쳐야 하는 형편이었다.

프랭클린은 화학을 전공하는 노리시(Ronald Norrish) 교수 밑에서 열심히 공부했다. 노리시 교수는 프랭클린을 "실력은 있지만 완고하고 고집이 세서 가르치기 힘든 학생"이라고 평가했다. 보통 여학생들과 달리 프랭클린은 자기 생각이 분명하고 열성적으로 공부했기 때문에 유별나게 보였던 것이다. 프랭클린은 우등 졸업을 목표로 세우고 하루에 8시간 이상을 실험실에

서 보낼 만큼 공부에 매달렸지만, 막상 시험 당일에는 몸살이
나는 바람에 결국 준우등에 만족해야 했다.

X선 결정학의 전문가가 되다

1942년에 프랭클린은 영국 석탄활용연구협회(British Coal
Utilisation Research Association)에서 직장을 잡았다. 그때 프랭
클린의 나이는 22살이었다. 그 연구소는 남녀를 가리지 않고
최신 연구에 밝은 젊은이들을 연구원으로 뽑았다. 그곳에서 프
랭클린은 자신이 사용할 장치를 직접 만든 후 석탄을 연구하
는 새로운 실험 방법을 고안해 냈다. 그녀는 석탄 결정의 구조
를 해명하는 연구를 꾸준히 수행하여 1945년에 '석탄 및 관련
물질들에 관한 고체 유기 콜로이드의 물리화학'이란 제목의 논
문으로 박사학위를 취득했다.

1947년에 프랭클린은 프랑스 파리의 국립중앙화학연구소로
자리를 옮겨 3년 동안 근무했다. 여기서 그녀는 메링(Jacques
Mering) 박사의 도움으로 X선 결정학에 능숙한 전문가로 자리
잡았다. 그녀가 X선 결정학을 연구한 것은 당시 과학계의 사
정을 생각하면 썩 괜찮은 선택이었다. X선 결정학은 1910년대
에 시작된 첨단 과학이었을 뿐만 아니라 생물학에서 금속학에
이르기까지 결정을 다루는 모든 분야에서 많은 수요를 가지고
있었다. 당시 영국에서는 X선 결정학에서 여성 과학자의 진출
이 활발히 이루어졌는데, 이를 못마땅하게 생각한 남성 과학자

들은 X선 결정학을 '지적인 뜨개질'이라고 비아냥거렸다.

프랭클린은 1951년에 영국으로 돌아와 런던 대학교의 킹스 칼리지(King's College)에 자리를 잡았다. 킹스 칼리지의 랜달 경(Sir John Randall)은 의학에 X선 결정학 연구가 필요하다고 생각했고, 프랭클린에게 X선 결정학 연구에 필요한 기구들을 설치하고 조정하는 일을 도와달라고 부탁했다. 그녀는 그 제안을 받아들여 3년 동안 일하기로 했지만, 불과 8개월 만에 주어진 임무를 완벽하게 끝내 버렸다. 덕분에 프랭클린은 3년 계약에서 남은 2년 4개월을 자유롭게 연구할 수 있었다. 그녀는 킹스 칼리지의 윌킨스 교수와 함께 DNA의 X선 사진을 찍는 실험을 시작했다.

오랫동안 과학자들은 유전이 어떻게 일어나는지 알아내기 위해 연구를 해 왔다. 그 결과 유전 현상의 원인이 DNA에 있다고 짐작할 수 있었다. 런던 대학교의 윌킨스, 케임브리지 대학교의 왓슨과 크릭, 그리고 미국의 폴링(Linus Pauling)이 이에 대한 확실한 증거를 찾기 위해 앞다투어 DNA를 연구했다. 프랭클린은 윌킨스 팀에 합류하면서 이러한 경쟁에 끼어든 셈이었다.

DNA에 관한 연구는 DNA의 X선 사진을 찍은 후 그 사진을 보고 DNA가 어떤 모양인지 알아내는 것이 목표였다. 그런데 투명한 실 같은 DNA는 아주 가늘고 잘 부서지기 때문에 X선 사진을 선명하게 찍기가 쉽지 않았다. 사실상 폴링을 제외한 나머지 과학자들은 프랭클린만큼 X선 사진을 잘 찍지 못했다.

프랭클린은 선명한 X선 사진을 찍을 수 있는 다양한 방법을 고안했고, 덕분에 시간이 지날수록 점점 더 좋은 사진을 얻을 수 있었다.

외로운 투쟁

프랭클린의 연구는 잘 되고 있었지만, 킹스 칼리지의 분위기는 좋지 않았다. 신학교에서 출발했던 킹스 칼리지는 신학교의 틀을 벗어난 이후에도 여성을 목사로 모시지 않는 영국 국교회의 전통을 따를 정도로 여성에 대한 차별이 심한 곳이었다. 남자 교수들은 프랭클린을 같은 과학자로 대우하지 않았다. 심지어 여자들은 교직원 식당에 들어갈 수 없고 학생들과 함께 식사하도록 되어 있었다. 이런 까닭에 킹스 칼리지의 생활과 연구는 매우 외로웠다. 윌킨스의 대학원생이었던 고슬링(Raymond Gosling) 정도가 가까운 친구였을 뿐이었다.

게다가 연구를 수행하는 과정에서 프랭클린은 윌킨스와 잦은 마찰을 빚었다. 프랭클린은 혼자서 연구하는 타입이었고, 자신의 연구가 완전하다는 확신이 들 때까지 그 결과를 발표하기를 꺼렸다. 이러한 성향은 윌킨스가 연구실을 운영하는 방식에는 맞지 않았다. 두 사람 사이에는 처음부터 긴장감이 형성되었고, 그들은 사사건건 부딪쳤다. 킹스 칼리지에서 프랭클린은 '로지(Rosy)'라고 불렸는데, 윌킨스는 "로지가 고집불통에다가 괴팍한 여자"라고 말했다.

한번은 구체적인 연구방법을 놓고 격론이 벌어졌다. 좀 더 정확한 X선 사진을 얻기 위해서는 DNA 결정에 수분을 공급해야 했는데, 프랭클린은 공기 방울을 이용하면 좋겠다는 의견을 제시했지만 윌킨스는 별로 달가워하지 않았다. 프랭클린의 방법이 성공적으로 판명되자 윌킨스는 그것이 전혀 독창적이지 않다고 평가절하했다. 그녀는 스스로 독립적인 연구자인데도 윌킨스가 자신을 단지 조수 정도로 여기고 있을 뿐만 아니라, 결정학도 잘 모르면서 억지를 부린다고 생각했다. 두 사람은 서로 말도 하지 않을 정도로 관계가 최악이었다.

그러는 와중에도 성과가 조금씩 나타났다. 프랭클린은 미세한 DNA 가닥을 묶고 그것을 X선으로 촬영하는 방법을 통해 DNA에 두 가지 형태가 있다는 것을 발견했다. 하나는 A형으로 불린 마른 표본이었고, 다른 하나는 B형으로 불린 젖은 표본이었다. 프랭클린은 DNA 표본이 살아 있는 세포 같은 구조를 유지하려면 물의 함유량이 높아야 한다고 생각했다. DNA 표본이 말라 버린다면 그 구조가 변할 터였다. 그런데 마른 표본은 사진을 찍기 쉬웠지만 젖은 표본은 필름에 선명하게 나타나지 않았다. 대신 혼란스럽게 교차되어 있는 선만 보여 줄 뿐이었다. 교차된 선은 DNA 분자가 나선형 구조로 되어 있음을 보여 주는 표시였다.

나선형은 X선 사진의 각도에 따라 나타나기도 하고 나타나지 않기도 했다. 긴 축을 위에서 바라보면서 촬영을 했을 때는 통이나 관 모양이 나타났고 회절 무늬로 보면 그것이 실제로 나선형인지 알 수 없었다. 반면 옆에서 촬영했을 때는 DNA 분자가 지그재그 형태나 십자형 무늬였다. 이는 나선 구조가 보여 주는 특징에 해당했다. 게다가 X선은 인산기가 DNA 분자의 중심부에 위치하고 있다는 점을 드러냈다. 1951년 11월에 프랭클린은 연구소의 내부 세미나에서 자신이 지금까지 알아낸 사실을 발표했는데, 청중 가운데는 왓슨도 있었다.

1952년 5월에 프랭클린은 DNA의 B형에 대한 선명한 사진을 찍는 데 성공했다. 그 사진은 DNA가 나선 구조로 되어 있음을 명확하게 보여 주었다. 그러나 늘 완벽을 추구했던 그녀는 A형에 대한 정보를 좀 더 얻기 전에는 자료를 공개하지 않으려 했다. 프랭클린은 A형 역시 나선형 구조를 띠고 있는지를 알아내려고 허둥댔다. 그런 그녀에게 절망을 느낀 고슬링은 '빌어먹을 A-나선형'이라는 메모를 칠판에 남기기도 했다. 이처럼 프랭클린은 DNA의 구조를 해명할 수 있는 문턱에 도달했는데도 포괄적이고 엄밀한 실험을 고집한 나머지 그 문턱을 넘지 못했다.

도둑맞은 업적

1953년이 되자 DNA 연구의 주도권이 갑자기 왓슨과 크릭 쪽으로 넘어가기 시작했다. 프랭클린이 어렵게 만들었던 자료가 그녀도 모르는 사이에 왓슨과 크릭에게 알려졌고, 그 덕분에 그들은 DNA에 대해 더 많이 알게 되었다. 라이너스 폴링은 DNA에 관한 논문 초고를 써서 케임브리지에 있는 아들인 피터 폴링(Peter Pauling)에게 보냈고, 피터 폴링은 그것을 왓슨에게 넘겼다. 이 자료를 바탕으로 왓슨은 DNA 구조가 나선이라는 논문 초고를 만들어 프랭클린에게 보여 주었다. 그때 프랭클린은 DNA가 나선이라는 것을 증명할 결정적 증거는 하나도 없다고 잘라 말했다. 그녀는 왓슨의 논문을 보자마자 그것이 오래전에 찍은 DNA 사진에 근거하고 있다는 사실을 알았다.

왓슨은 1968년에 발간한 『이중나선(Double Helix)』에서 이 장면을 극적으로 변형시켰다. 프랭클린이 자신에게 다가올 때 "그녀가 노발대발하여 나를 때릴까 봐 두려웠다."는 것이다. 그러나 왓슨의 키가 183센티미터, 프랭클린의 키가 168센티미터였다는 점을 감안한다면, 프랭클린이 왓슨을 신체적으로 공격한다는 것은 우스갯소리에 불과하다. 심지어 왓슨은 『이중나선』에서 프랭클린이 X선 사진을 해석하는 일에 무능력하다고 암시한다.

왓슨이 『이중나선』에서 묘사한 프랭클린은 한마디로 괴팍한 인물이었다. 그녀는 완고한 두뇌를 가졌고, 톡톡 쏘기도 하며, 윌킨스와 주먹다짐까지 하는 여자로 나온다. 이는 왓슨의 개인적인 평가와 이에 큰 영향을 미친 윌킨스의 편견에서 비롯된 것 같다. 이에 비해 프랭클린과 상대적으로 좋은 관계를 유지했던 크릭은 이런 평가가 프랭클린을 잘 알지 못했기 때문에 생긴 오해라고 지적한 바 있다. 비록 책의 말미에서 왓슨이 그녀를 '성실하고 고매한 인품'을 가진 과학자라고 썼지만, 그것이 책 전체에서 풍기는 그녀의 나쁜 이미지를 단숨에 뒤바꿔 놓

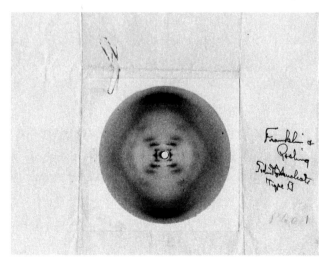

1952년에 찍은 DNA에 관한 X선 사진.

을 수는 없었다.

DNA 구조에 대한 공방이 계속되면서 프랭클린은 자신의 실험 결과를 왓슨과 크릭에게도 보여 주지 않았다. 그들에게 프랭클린의 최신 실험 결과를 몰래 훔쳐다가 보여 준 사람은 윌킨스였다. 윌킨스는 프랭클린이 자리를 비우는 동안 그녀가 1952년에 찍은 X선 사진을 들고 나와 왓슨과 크릭에게 보여 주면서 서로 의견을 나누었다. 왓슨과 크릭은 그 사진을 보고 DNA가 실 두 가닥이 꽈배기처럼 꼬인 모양이라는 점을 확신할 수 있었다. 그들은 1953년 4월 25일에 DNA 이중나선 구조에 대한 논문을 「네이처」에 게재했다. 그 논문을 본 프랭클린은 자신의 해석이 틀렸다는 점을 인정했다.

1953년 3월에 킹스 칼리지와의 계약이 만료되자 프랭클린은 버크벡 칼리지(Birkbeck College)로 자리를 옮겼다. 그녀는 DNA에 미련을 버리고 담배 모자이크 바이러스(Tobacco Mosaic Virus, TMV)로 연구 주제를 바꾸었다. 생명과 관련된 물질 구조에 관심을 가진 것이지, 꼭 DNA가 중요하지는 않다는 생각이었다. 프랭클린은 이후 5년 동안 17편이나 되는 논문을 출간했고, 세계 최초로 담배 모자이크 바이러스의 가운데 구조가 빈 튜브 모양이라는 점을 밝혀냈다. 당대의 유명한 결정학자로서 프랭클린을 버크벡 칼리지에 초청했던 버널(John D. Bernal)은 그녀가 찍은 X선 사진이 가장 훌륭하다고 극찬했으며 그녀가 연구팀을 꾸려 나가는 능력도 높이 평가했다.

그러나 프랭클린은 과학자로서의 성취감을 오래 누리지 못했다. 1956년에는 자신이 난소암에 걸렸다는 사실을 알았다. 그녀는 이 사실을 다른 사람들에게 숨기고 홀로 병마와 싸웠다. 두 번의 수술도 그녀로부터 미소를 빼앗아 가진 못했다. 죽기 직전까지 연구에서 손을 놓지 않던 프랭클린은 가족들과 크릭 부부를 포함한 몇몇 친구들이 지켜보는 가운데 조용히 세상을 떠났다. 투병 생활을 한 지 2년 만이었다.

참고문헌

박민아, 『퀴리&마이트너: 마녀들의 연금술 이야기』, 김영사, 2008.

송성수·이은경, 『나는 과학자의 길을 갈 테야: 과학의 새 길을 연 여성 과학자들』, 창작과비평사, 2003.

오조영란·홍성욱 엮음, 『남성의 과학을 넘어서: 페미니즘의 시각으로 본 과학·기술·의료』, 창작과비평사, 1999.

나오미 파사초프, 강윤재 옮김, 『라듐의 발견과 마리 퀴리』, 바다출판사, 2002.

나타니엘 컴포트, 한국유전학회 옮김, 『옥수수밭의 처녀 맥클린토크』, 전파과학사, 2005.

달렌 스틸, 김형근 옮김, 『시대를 뛰어넘은 여성 과학자들』, 양문, 2008.

데니스 브라이언, 전대호 옮김, 『퀴리 가문: 여섯 차례 노벨상을 수상한 명문가의 위대한 정신』, 지식의숲, 2008.

데이비드 보더니스, 최세민 옮김, 『마담 사이언티스트: 에밀리와 볼테르, 열정의 과학 로맨스』, 생각의나무, 2006.

도나 해러웨이, 민경숙 옮김, 『유인원, 사이보그, 그리고 여자』, 동문선, 2002.

론다 쉬빙거, 조성숙 옮김, 『두뇌는 평등하다: 과학은 왜 여성을 배척했는가?』, 서해문집, 2007.

루쓰 코완, 김성희 외 옮김, 『과학기술과 가사노동』, 학지사, 1997.

루스 허바드, 김미숙 옮김, 『생명과학에 대한 여성학적 비판』, 이화여자대학교출판부, 1994.

린다 리어, 김홍옥 옮김, 『레이첼 카슨 평전』, 샨티, 2004.

마거릿 버트하임, 최애리 옮김, 『피타고라스의 바지: 여성의 시각에서 본 과학의 사회사』, 사이언스북스, 1997.

브렌다 매독스, 나도선·진우기 옮김, 『로잘린드 프랭클린과 DNA』, 양문, 2004.

사라 드라이, 자비네 자이페르트, 최세민 옮김, 『마리 퀴리』, 시아출판사, 2005.

샌드라 하딩, 이재경·박혜경 옮김, 『페미니즘과 과학』, 이화여자대학교 출판부, 2002.

샌드라 하딩, 조주현 옮김, 『누구의 과학이며 누구의 지식인가』, 나남, 2009.

샤를로테 케르너, 이필렬 옮김, 『리제 마이트너: 한 번도 인간적인 면모를 잃은 적이 없는 여성 물리학자』, 양문, 2009.

새론 맥그레인, 윤세미 옮김, 『두뇌, 살아 있는 생각: 노벨상의 장벽을 넘은 여성 과학자들』, 룩스미아, 2007.

앨리스 해밀턴, 우종민 옮김, 『닥터 앨리스 해밀턴』, 한울, 1996.

에브 퀴리, 조경희 옮김, 『마담 퀴리』, 이룸, 2006.

이블린 폭스 켈러, 민경숙·이현주 옮김, 『과학과 젠더: 성별과 과학에 대한 제 반성』, 동문선, 1996.

이블린 폭스 켈러, 김재희 옮김, 『생명의 느낌』, 양문, 2001.

제임스 왓슨, 최돈찬 옮김, 『이중나선』, 궁리, 2006.

쥬디 와츠맨, 조주현 옮김, 『페미니즘과 기술』, 당대, 2001.

캐롤린 머천트, 전규찬 옮김, 『자연의 죽음: 여성과 생태학, 그리고 과학혁명』, 미토, 2005.

프랑스엔 〈크세주〉, 일본엔 〈이와나미 문고〉, 한국에는 〈살림지식총서〉가 있습니다.

📖 전자책 | 🔍 큰글자 | 🔊 오디오북

위대한 여성 과학자들

펴낸날	초판 1쇄 2011년 1월 31일
	초판 3쇄 2023년 3월 23일

지은이	송성수
펴낸이	심만수
펴낸곳	(주)살림출판사
출판등록	1989년 11월 1일 제9-210호

주소	경기도 파주시 광인사길 30
전화	031-955-1350 팩스 031-624-1356
홈페이지	http://www.sallimbooks.com
이메일	book@sallimbooks.com

ISBN	978-89-522-1545-1 04080
	978-89-522-0096-9 04080 (세트)

※ 값은 뒤표지에 있습니다.
※ 잘못 만들어진 책은 구입하신 서점에서 바꾸어 드립니다.